ひよりごとの

見せる収納／しまう収納

ずっと居たくなる 住まいのととのえ方

ブログ「ひよりごと」主宰

ひより

マガジンハウス

家をもっと
好きになるために

かつては収納にほとんど興味がありませんでした。
若い頃はモノを選ぶことに慎重だったので、数も少なく、
置き場所に困るということもなかったのです。
それが結婚してから、夫もわたしもモノを捨てるのが大の苦手。
家の中にどんどんモノが増えてきて、
これをなんとか整理しなければ、と必要に迫られて、
収納を考えるようになったのです。
はじめはいろいろな本を参考にしたり、
ブロガーさんのやり方を真似てみたりしたのですが、
どの方法も続かないのです。こんなのわたしには無理！　と、
できないことの劣等感に陥ってしまう始末。

ならば**「自分でも続けられる収納」**を目指していこう、
と発想を転換しました。

面倒くさいことが嫌いな反面、
効率のいい方法を考えるのはわりと得意。
そんな自分に合ったやり方を考えながら、
試行錯誤を繰り返して少しずつ形になってきたのが、
この本でご紹介する「ひより流収納術」です。
そんな内容が読んでくださる方々のお役に少しでも立てたら、
とてもうれしく思います。

LONG TRACK
FOODS

soil

2

思わず見せたくなる スペースごとの収納術

3 片づけをラクにする小さなアイデア

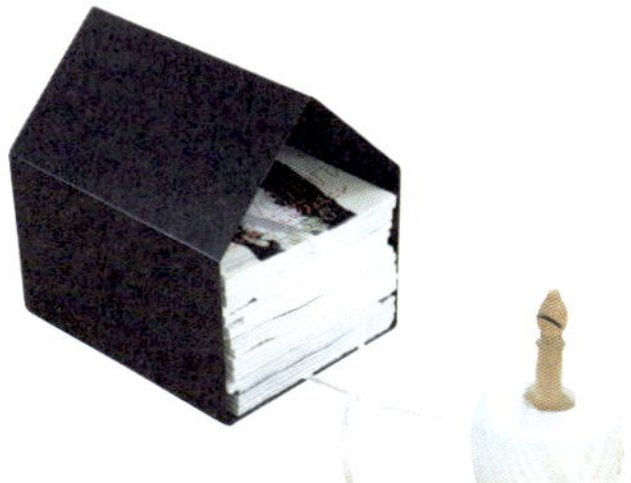

4 すっきりを保つ掃除の工夫

column

ひより家の間取り

17年住み続けている一軒家。夫と犬、猫と暮らしています。生活スタイルの変化に合わせ、“不便だな”と思う箇所に手を入れながら現在の形に。収納を見直しつつ、“好きなモノがすてきに見える”家を目指しています。

1F

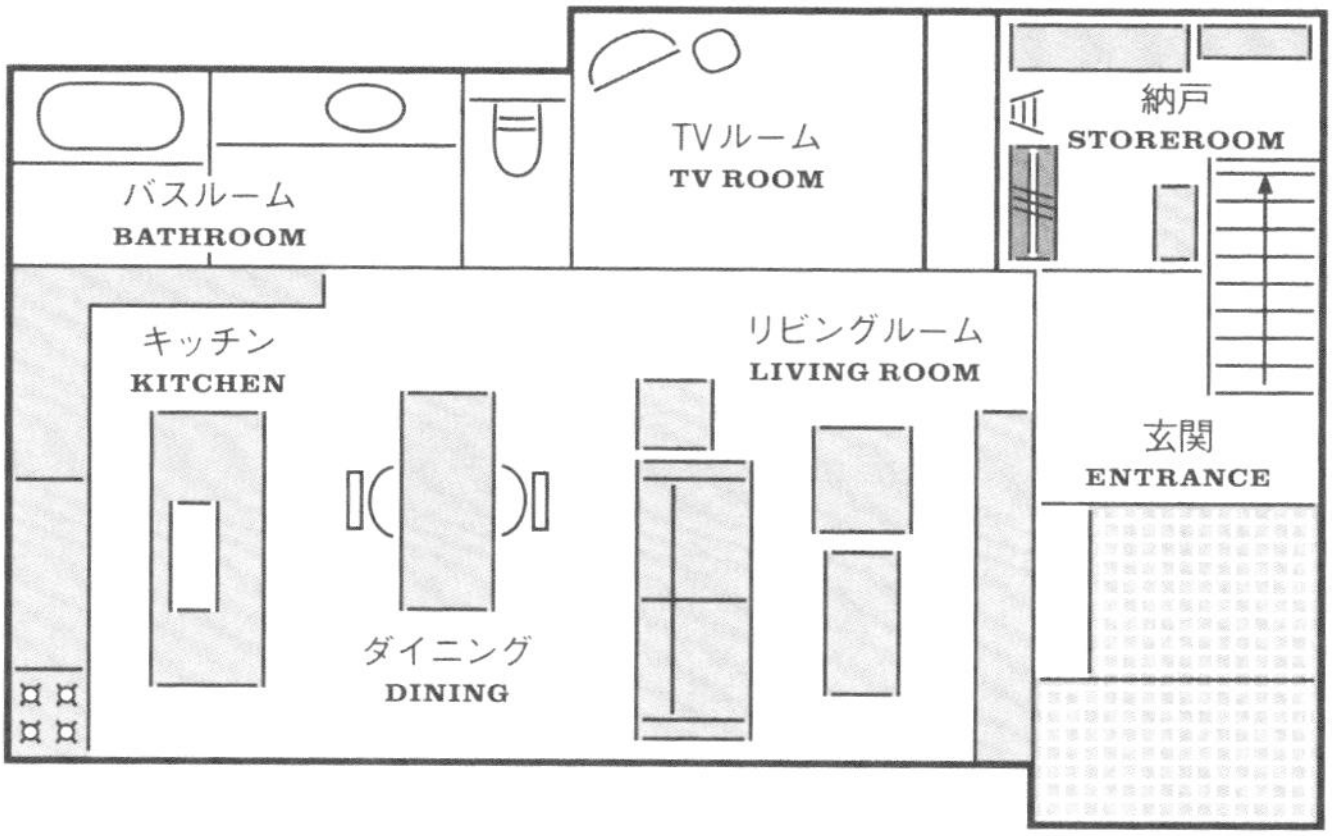

2F

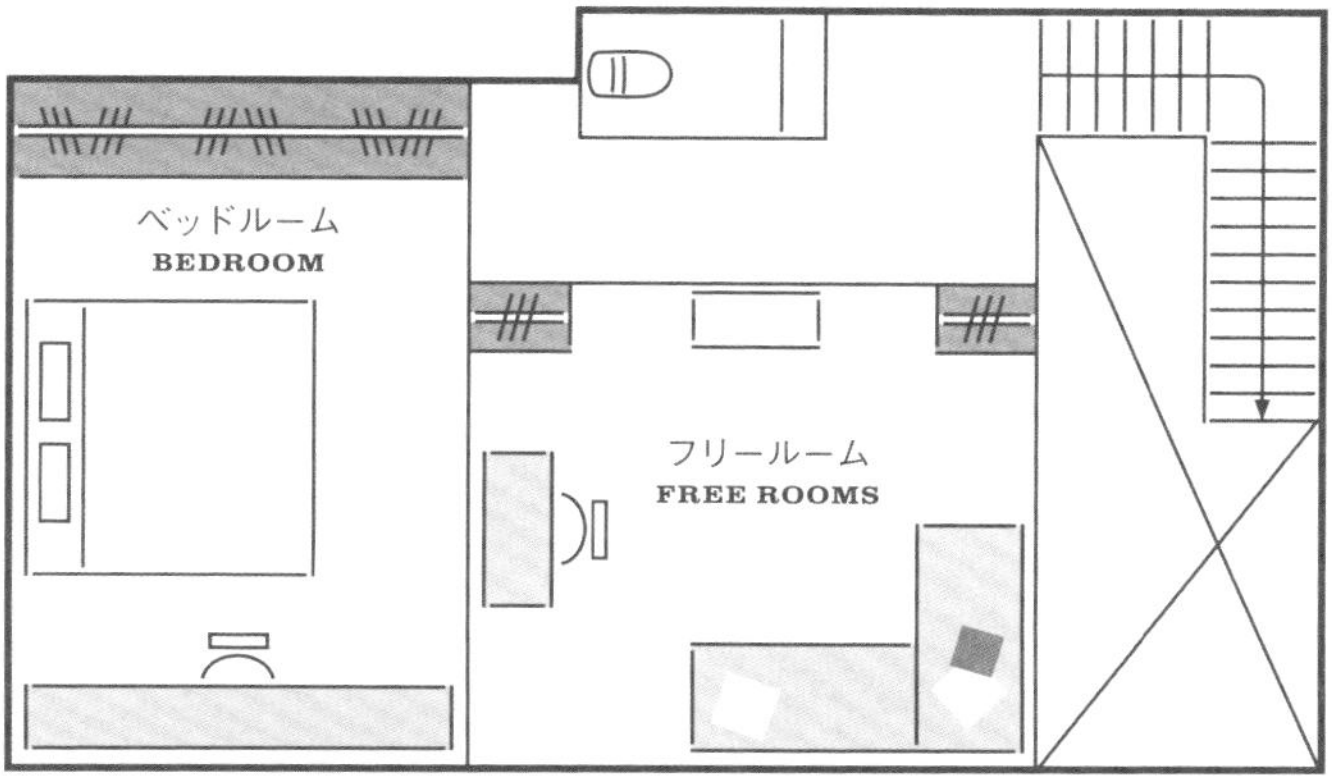

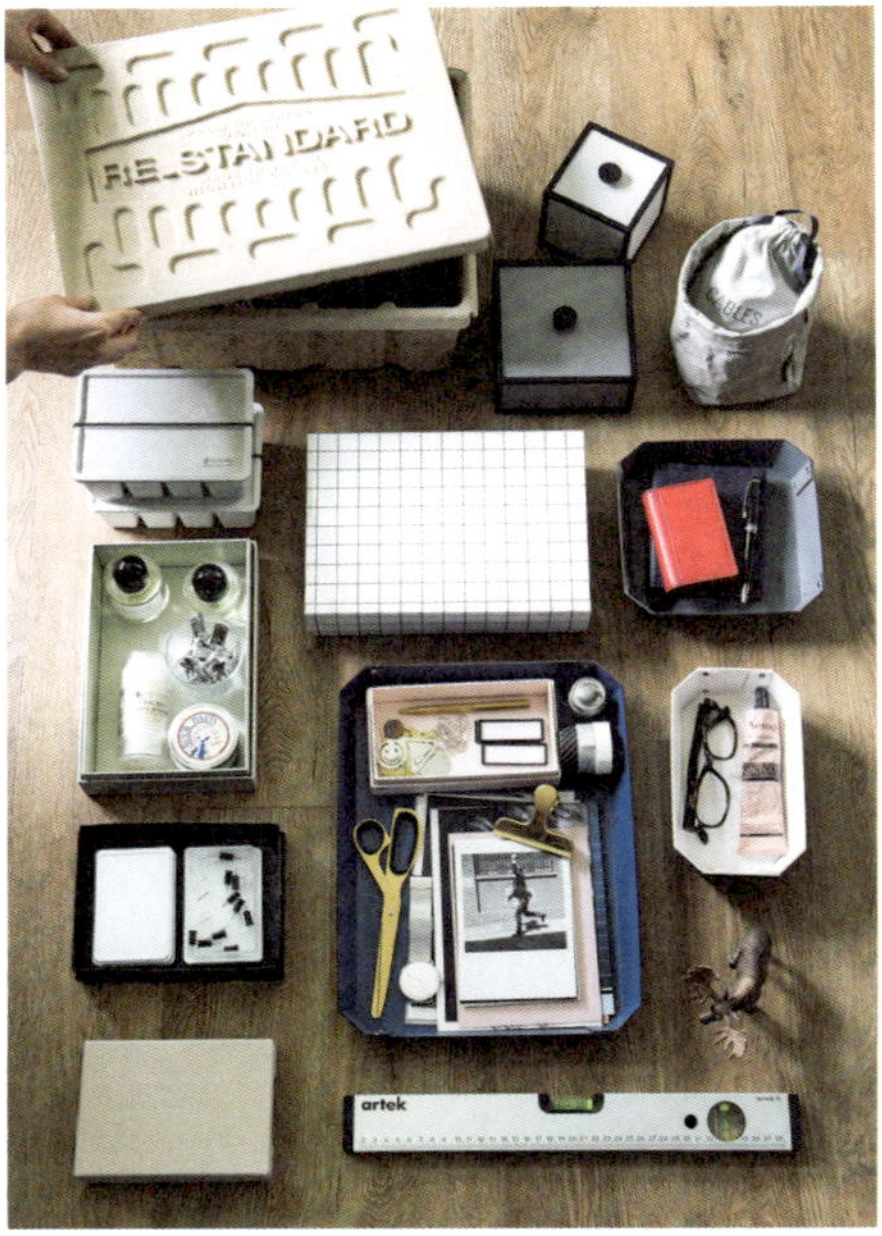
RE_STANDARD
artek

1

収納&片づけが
好きになるルール

片づけたくなるスイッチを探す

バスルームに置くタオルは、折り方もきっちり揃えて同じ種類ごとに重ねる。引き出しやパントリーの中のモノは、整然と配置する。アイランドキッチンやリビングのテーブルは、いつでもブログ用の写真が撮れる状態に。そんな、**すっきり見えて気持ちがいいと感じられる状態を、家の中のさまざまな場所で習慣化させること**が、ファーストステップでした。

　その状態に慣れると、散らかってリズムが乱れたとき、とても居心地の悪さを感じます。その**居心地の悪さが、わたしの中の片づけたくなるスイッチを押す**ことに。元の気持ちのいい状態に戻れば、気持ちもすっきりします。

　そんな行動の繰り返しが、私の片づけの習慣をつくり上げていったのです。

空いていると戻したくなる!

(右上)キッチンの引き出しには、密閉保存容器に詰め替えた調味料を隙間なく並べておくと、使ったあとは戻したくなる気分に。(左上)食器類は色や種類ごとに並べて、選びやすく美しく。(右下)アイランドキッチンの上は、翌朝気持ちがいいように、夜寝る前にはすっきりきれいな状態にしておく。(左下)出しっ放しでもかわいい香水やハンドクリームは定位置を決めて置く。

自分の性格を分析してみる

収納に興味を持ちだして、本やブログを参考にいろいろなやり方を試してみましたが、どれも面倒だったり時間がかかりすぎたり。これを続けていくのはわたしには無理とわかり、それなら「自分でもできる収納」を目指そうと思いついたとき、**まずは自分の性格を分析することから始めました。**

とにかくモノが大好きで、どんどん欲しくなってしまう。なんでも溜め込んでとっておきたいタイプ。どうしてもモノが捨てられない。ものごとに手間をかけるのが苦手。

なんとも恥ずかしい感じではありますが、**そんなわたしでもできる収納法や収納システムを考えて、わが家の中で実践していくことが、無理なく続けていくコツ**ではないか、と思い至ったのです。それからは、生活の中で少しずつ、悩みながら探りながらの連続。マイナーチェンジを繰り返し、今の形に至りました。

買える楽しみを残す
“2割の余裕”

とにかく昔から、モノが大好きなわたし。収納に興味がなかった若い頃は、買ったモノを限られた収納スペースの奥までどんどん詰め込んでしまい、最終的には取り出すのが面倒になり、結果として奥に押し込まれたモノを使わなくなってしまう、という失敗を繰り返していました。

最近では、**置き場所を確保できる分だけ買う**、というふうに考え方も変わってきましたが、モノ好きとしては、欲しいのに買えない、というのは意外とストレスに。

そこで編み出した工夫が、**収納場所はきっちり詰め込まずに、2割ほど空けたスペースを作っておく**ということです。

これだと出し入れもしやすいし、まだもう少しモノが増やせるスペースがある、という安心感が感じられるのです。

置く場所があるだけで
心のゆとりに

〝面倒くさい〟は見直しのサイン

手間をかけて何かをするのが苦手なわたしにとって、**面倒だと感じる作業は天敵ともいえるもの**。やっているうちにそう感じることが何回か続いたら、それは自分にとって続けていくのが難しい、ということのサイン。そしてそこが改善策を考えるべきタイミングです。

かつてはキッチンやバスルームに置いておく洗剤を、インテリアの一部としてお気に入りのボトルに詰め替えて使っていたことがありました。その作業が面倒だと感じたので、パッケージも中身も納得できるモノを購入することに方向転換。それを探すのも楽しいプロセスでしたし、お気に入りに巡り合った今はノーストレス。

そんなふうに、わたしの収納術は少しずつ進化します。

ストックは使う場所の近くにあると便利

テレビ横にある収納棚の一部をアイロン用スペースに確保。金属製のトレーにのせて収納。

動線を見直して モノの置き場所を 決める

使いやすく、片づけやすい場所にモノを収納するのも大事なポイントだと考えました。そのためにライフスタイルを見直して、日常使うモノの置き場所を改めて考えてみることにしました。

例えばアイロン。以前は納戸にしまっておいて、使うたびに出し入れしていましたが、アイロンがけはテレビルームでやるので、テレビ横の棚をアイロンの定位置に変更しました。アイロン台をセットして、棚からパッと出してかけられるので、**準備する時間が大幅に短縮。**

また入浴剤などのバス用品も納戸から洗面台下の棚に移動。動線やそのモノを使う場所に合わせて置く場所を決めるのは、効率もいいし出し入れもラクで、片づけやすさにつながります。

column ／ 01

見せたい収納グッズ Best 7

1 「クラフトワン」のオリジナルトレー

八角形をしたシンプルな万能トレーで、違うサイズを組み合わせたり、同じサイズならスタッキングしたりすることも可能。

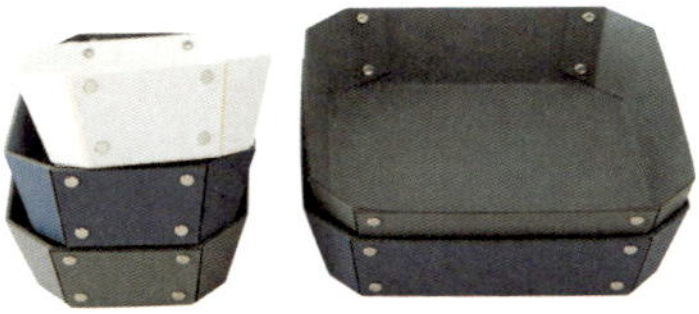

4 「ヴォストフ」のナイフブロック

使っているナイフと同ブランドのモノで、キッチン台にスマートに出しておくことができる便利グッズ。よく使うナイフを厳選して6本を収納。

3 「ウォッシュママ」のペーパーバッグ

インテリアのポイントにしたり、一時的にモノをまとめたり。使わないときは、たたんで収納できるのもうれしい。水で洗うことも可能。

2 「バイラッセン」のクブス ボウル フレーム 小物入れ

右：フタの取っ手は、押すとへこむので重ね合わせて使える便利アイテム。左：木の実などを入れて季節のディスプレイとしても活躍。

7 いろいろなエコバッグ

気に入ったエコバッグを収納グッズとしてリユース。納戸、洗面所、寝室と家のあちこちの棚にひっかけておくだけで、ちょっとしたインテリアに。

6 「エムコ」のステップアップ

バーの本数が多く、間隔が狭いミニはしご。バーチ材でモダンな雰囲気に惹かれました。掃除道具やグリーンを飾って楽しめる収納グッズ。

5 「ヘイ」のボックスボックス デスクトップ

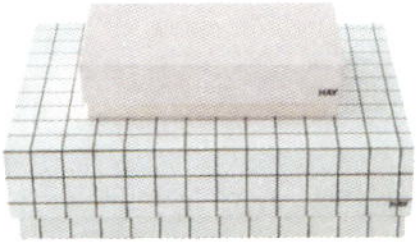

文房具やポストカードといった細々としたモノを入れるお道具箱のような存在。カラー・柄・サイズのバリエーションも豊富。

2

思わず見せたくなる
スペースごとの収納術

STORAGE RULES 1

KITCHEN

［キッチン］

白を基調に清潔感を

壁も棚もホワイトで統一して、シルバーと黒をアクセントにしたキッチンは、わが家の顔とも言える存在で、わたしの大好きな場所。ここでは基本的にしまう収納がメイン。リビングから全景が見渡せてしまうので、扉付きの棚でとことん隠してすっきり見せ、ブレンダーやトースターなどおしゃれなデザインの家電はアクセントとして見せる収納に。

でもじつは、普段は見えないパントリーや棚の中に収納ルールを設けています。たとえしまう収納であっても、棚の扉や引き出しを開けたとき、食器類や食材、調味料などが楽しく、美しく見えるようにしたい。そんなわたしなりのこだわりが詰まったキッチンの収納術をご紹介します。

KITCHEN / 01

パントリー

PANTRY

しまう収納

冷蔵庫の横にあるパントリーには、和食器や日常使いのグラスやカップ、それにドリンク類や食材のストックが入っています。こちらはあえて奥行きの浅いタイプにしたことが、わたしの最大のこだわりポイントです。

棚の奥行きが深いと、食器でも食材でも、どうしても空いたスペースにモノを詰め込んでしまいがち。結果としてしまいこんだモノを忘れて、使わない食器類や賞味期限切れをつくってしまうことに。奥行きが見渡せるくらいの浅い収納なら、そんな心配もなく、見た目もすっきりです。

なにがあるか
ひと目でわかる

奥行きが浅い収納で パッと見渡せる

パッと奥まで見渡せるから、置いてあるモノが一目瞭然。使いたいときにすぐ取り出せるので、料理のときの効率も上がる。

おしゃれなラベルなら
そのまま並べても絵になる

ジャムなどのストック食材も、パッケージやラベルがかわいいいモノなら、扉を開けるたびに気分もアップ。

扉がぶつかって
開けにくい…

見直すと…

出しやすい!

毎日出し入れするドリンクは
冷蔵庫の近くにストック

左側の扉を開けると冷蔵庫が開けられない。そこで動線を考えて、冷蔵庫に入れる頻度の高いドリンク類は右扉側の棚に。

使い勝手のいい配置を探す

お店の商品配置を
ヒントに並べて

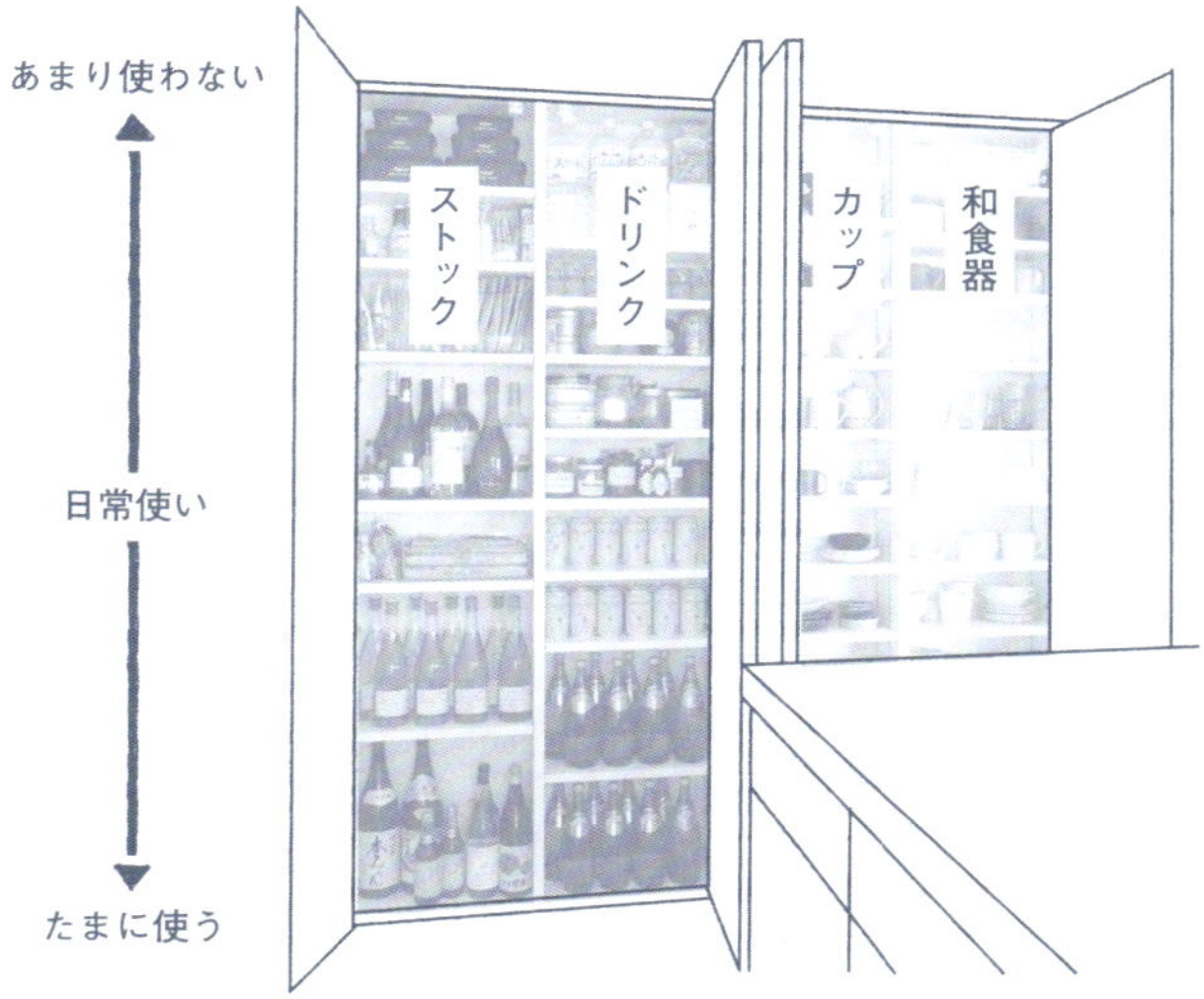

右側のパントリーには、重ねにくい作家物や和食器を色や形でさりげなく分類して収納。日常の使用頻度が高いものは棚の真ん中あたり、低いものは棚の上部に。重たいものは棚の下のほうにと置き場所を決めています。

左側のパントリーには、冷蔵庫への動線を考えて、食材のストックや毎日飲むドリンク類を種類ごとにまとめて収納。ここでも重たいビン類は下のほうに。ドリンク類など同じラベルがずらりと並んでいると、整理されているような錯覚を起こすくらい、すっきり見えます。

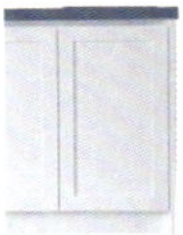

KITCHEN ／ 02

食器棚

CUPBOARD

アイランドキッチンの下、リビング側の棚は洋物の食器類やカップ＆ソーサーなどの定位置です。プレート類はお客様用も含めて同じモノを4～6枚とまとめて買うことが多く、こちらに重ねて収納しています。食器は基本的に白など薄めの色が好み。棚の内側の色をグレーにしたのは、そんなお気に入りの食器たちが、棚に並んでいるときでもすてきに見えてほしい、というささやかなこだわりから。パントリーほどではありませんが、こちらも棚の奥行きはあまり深く取らずに、奥まで見渡せて出し入れしやすく。

奥行きを浅めにして整頓しやすく

こちらの食器棚も奥行きは深すぎず、大皿が1枚入る程度に。パッと見て奥まで見渡せる、というのが基本のイメージ。

透明ケースにまとめ取り出しやすく

カップ＆ソーサーを1客ずつ重ねて透明ケースにまとめて収納。これだとケースごといっぺんに出し入れできて便利。

食器のジャンルごとに工夫

カップ類は重ねすぎず、奥まで見えるように

重ねがちなカップ類。手前に置くモノはあえて重ねすぎず、棚の奥まで見渡せるように。

グラスは背の低いモノを手前側に

背の高いモノを奥に置いて段差をつければ、棚の奥までよく見える。出し入れもしやすい。

プレートは大きさの違うモノを重ねて省スペース

大きい皿を重ねた上に、小さめサイズの皿を重ねてオン。どちらのデザインもわかりやすい

コースターを緩衝剤としてアレンジ使い

「イケア」のコースターを間にはさみ込んで。取り出すときも、指が入れやすくて便利。

KITCHEN／03

引き出し

DRAWER

一番ごちゃっとしがちなキッチン下の引き出しは、きっちり仕切ってジャンル別に収納、というのがマイルールです。種類ごとにまとめて収納する、というルールに則ってモノの置き場所を決めておけば、迷子になる心配もありません。所定の位置にきちんと収まった状態がいちばん気持ちいいので、その状態に戻したいと思う気持ちが片づけにつながります。

　引き出し収納で威力を発揮するのが仕切り用のグッズ。その隙間を埋めて動かないようにするスペーサーは、優れモノの秘密兵器です！

基本の仕切りグッズ

右はアメリカの「インターデザイン」、左は「無印良品」のモノ。いろんなサイズを組み合わせて使用。

アレンジ使いのグッズ

ニコラ・ヴァエのチョコフォンデュ容器をスプーン入れに再利用。ますは細かいモノの収納や、スペーサー代わりにも。

仕分け収納できっちり整頓!

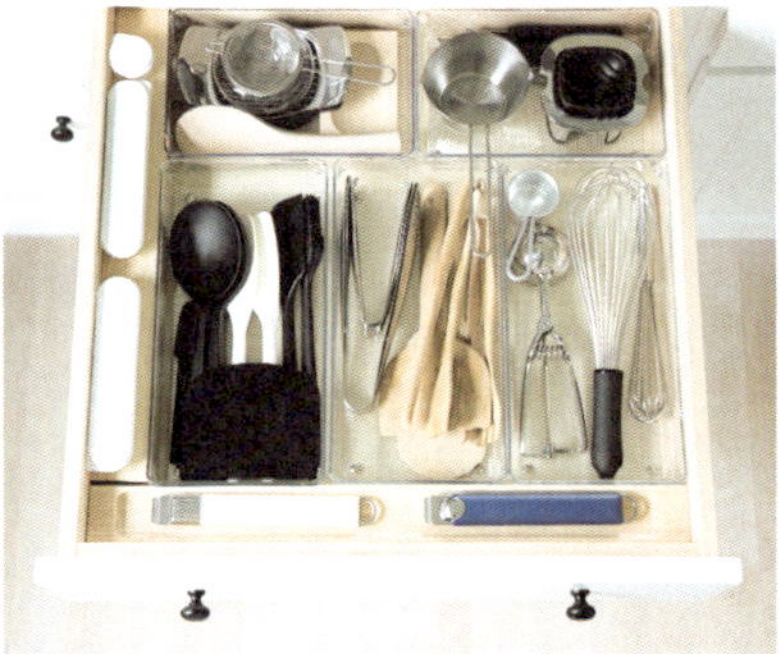

調理用ツール

左側・手前の部分に入っているのがスペーサー。隙間を埋めて仕切りが動かないように。

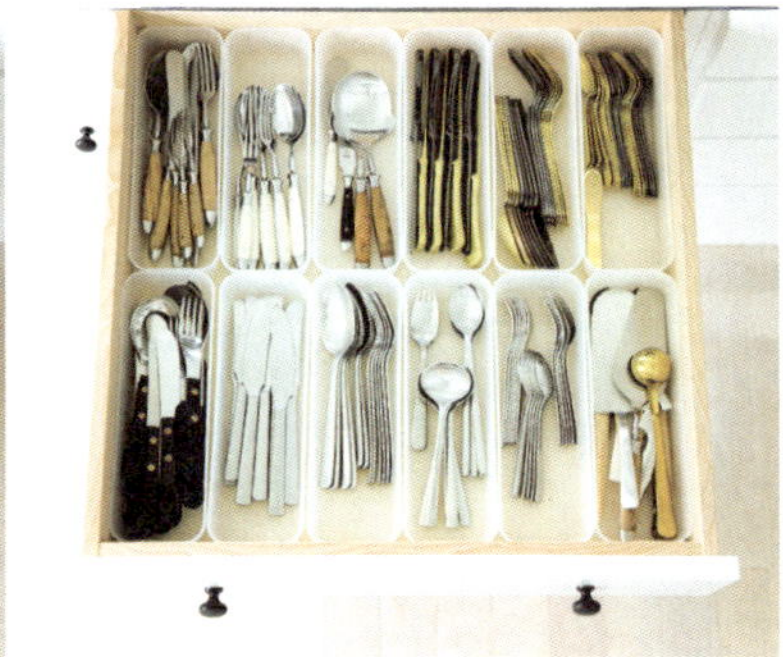

カトラリー類

ぴったりはまった12個のケースに、カトラリーを素材・種類ごとに分けて入れて。

箸置き、小皿類

細々したモノは素材や色などで分けて収納すると、まとまり感が出る。

気分で選べる

キッチンクロス

1枚ずつ真四角に折りたたんで、引き出しに重ねて収納。きちんと並んだ見た目も◎

ボウル類

調味料を混ぜたり、食器としても使うボウル類は種類別に重ね、隙間なく並べて。

密封容器

使っていない密封容器は1つの引き出しにまとめて。使うときにサイズもわかりやすい。

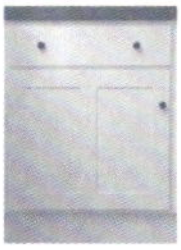

コンロ下にまとめて作業がスムーズに

重たい鍋類はなるべく動線を短くしたいので、取り出してすぐコンロにのせられる場所に収納。

KITCHEN / 04

調理道具

KITCHENWARE

フライパンや鍋などの調理道具は、使い勝手を第一に考えて、コンロの下の引き出し式の収納場所に収めています。毎日使うモノだから、取り出しやすく、使いやすい収納というのが鉄則。いざ使うときにどこにあったか迷わないように、用途や素材、種類ごとにまとめています。

調理器具は形や大きさがさまざまなので、さすがに引き出し内のようにきっちり仕分けるのは難しい。そこでスタンド類を使ったり形を組み合わせて置いたりと、なるべくスペースを有効利用できるように工夫しています。

サイズ・形を組み合わせてぴったり収める

調理器具が無駄なスペースを出さずにきちんと収まるように、いろんなサイズや形をパズルのように組み合わせて。

サイズ＆用途別にまとめて取り出しやすく

サイズが似かよった、丸い形状の鍋類は一緒にして収まりよく。

鍋類は コンロ右下の スペースに

重たい「ストウブ」の鍋類は、移動距離をなるべく短くするために、コンロにいちばん近い位置にスタンバイ。

鍋のフタとスキレットは「無印良品」のフライパンスタンドに立ててすっきり整頓。

揚げ鍋は コンロ真下の 位置に

こちらはステンレス素材のアイテムでまとめたコーナー。揚げ鍋や大小各サイズの鍋を、フタと一緒に収納。

小せいろは2個ずつまとめて。「タワー」のポリ袋エコホルダーを使ったアイデア収納。

せいろ＆羽釜は いちばん下に

軽くてそれほど使用頻度の高くないせいろなどは、いちばん下の引き出し位置に。ここは丸い形状のアイテムの集合場所。

乾物・調味料

DRY FOODS / SEASONING

乾物や調味料は「オクソー」のポップコンテナに詰め替えて、キッチンの引き出しにきっちりと納めています。もとの派手なパッケージが気になるということもありますが、粉類や定番として使う調味料は容器に入れ替えたほうが断然使いやすいんです。フタにラベリングしておけば、夫に料理を手伝ってもらうときも、わかりやすくて便利です。

入れ物が揃っていると、引き出しにもぴったり収まりやすいので、収納効率の面でもいい気がします。コンテナが整然と並んだ姿は、引き出しを開けるたび気持ちいい！

同アイテムで揃ったぴったりが気持ちいい！

フタのラベリングで中身は一目瞭然。これだけきっちり揃っていると、使った後も即片づけたい気分に。

パッケージから移して使いやすく

ポップコンテナと調湿剤をセット使い

ボタンを押すだけ、ワンタッチで開閉できるポップコンテナに、「ソイル」のダブル使いで湿気をシャットアウト。

ローリエ

カレーなど煮込み料理に欠かせないローリエも、ポップコンテナで保存。

塩

すぐ湿気って固まりやすい塩も、ダブルパワーでいつでもサラサラに。

顆粒だし

味噌汁や煮物など、活用頻度はピカイチ。ドライングブロックが湿気から守ってくれる。

塩昆布

おにぎりや和え物など、意外と使える塩昆布は、あっという間に使いきってしまう。

キューブブイヨン

もともと入っていたビンは派手すぎたので、こちらもポップコンテナに詰め替えて。

シナモン

カフェオレに添えてカプチーノ風に。おうちのティータイムがこれでランクアップ。

KITCHEN / 06

冷蔵庫

REFRIGERATOR

しまう収納

身の回りのモノは見た目にこだわるわたしですが、冷蔵庫の中身に関しては、わりとゆるやか。賞味期限がわからなくなると困るので、詰め替えにもあまりこだわりません。詰め込みすぎずに、パッと見てどこになにがあるかわかる置き方というのが基本のルール。食材をきちんと使いきるために、〝冷蔵庫内の見える化〟で使い忘れを防止します。

ずっとあこがれだった海外の冷蔵庫。洗濯機と同じスウェーデンの「アスコ」をわが家に迎えました。ステンレスの直線的でクールなデザインがお気に入りです。

取り出しやすい配置を考える

扉を開けてパッと目につく中段部分には、常備菜や賞味期限が気になるモノを置いて、使い忘れ防止策に。

ドアポケットは瓶、パックものをまとめて

ドリンク類のほか、しょうゆなど日常的によく使う調味料はここに。見た目の統一感のなさは気にしないことに（笑）。

“うっかり”を防ぐ見渡せる収納

トレーを使って仕分け収納

同じ種類の食材はトレーにまとめて入れて取り出しやすく。透明トレーは「インターデザイン」を使用。

透明容器で中身がしっかりわかる

中身が丸見えの透明タッパーが冷蔵庫内で大活躍。目当てのモノがさっと取り出せて、料理の効率も格段にアップ。

詰めやすく取り出しやすい工夫を

常時ストックしておきたい同銘柄のドリンク類は、トレーでまとめておけば、入れるときも取り出すときもラクチン。

ぴったりサイズでスペースを有効活用

詰め替えたほうが使いやすい粉物はラベリングした「オクソー」のポップコンテナに。これで野菜室の省スペースにも。

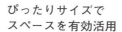

STORAGE RULES 2

LIVING ROOM

［リビングルーム］

お客様をお迎えしたり、音楽を聴きながらくつろいだり。白を基調にしたキッチンに対し、同じ1階でひとつながりのリビングは、黒やグレーの分量を多くして落ち着いたイメージにしました。キッチンから眺めるこの風景も大好きな、私にとっての癒しの空間でもあります。

そんなリビングでの収納は〝見せる〟も〝しまう〟もインテリアの一部になる、というのが最大のテーマです。すてきなルックスの生活雑貨をディスプレイ感覚で飾ったり、収納グッズもこの空間に違和感なく溶け込むようなデザインにこだわって選びます。お気に入りの空間だからこそ、すっきり保つための収納を工夫して、ここにたどり着きました。

LIVING ROOM／01

コーナー

CORNER

好きなモノ、お気に入りはなるべく目の届くところに置いて眺めていたいと思うのです。なので日常使うモノなら、しまう場所を決めるより、いっそのこと飾るように置いてしまおう、という逆転の発想で生まれたのが、ここでご紹介するコーナーです。

　モノが大好きな私にとって、どんなアイテムでも選ぶときは真剣勝負です。使い勝手はもちろんのこと、見た目にもとことんこだわってセレクトしたモノたちは、生活の中で役立つだけではなく、インテリアとしてもその存在感を発揮してくれるのです。

使用頻度の高いモノは
かわいく出しっ放しに

ハンドクリームや香水をペイント柄のトレーに置いて。パッケージがキュートだからこれだけで絵になる。

ディスプレイのように飾ってしまう

ブランケットラックに

スリッパ入れに

置き場所・用途を変えれば プチ模様替えに！

リトアニア製のミニはしごはアイデア次第で大変身。「ムート」のほうき＆ちりとりセットをかけて、猫のトイレ掃除がスムーズに。

デザイン性の高いグッズを取り入れる

パッと見オブジェのようなアイテムも、収納グッズとして活用。イヤホンや小物などをそっと忍ばせて。

中が見えるメッシュカゴにブランケットを入れて

目のあらいメッシュのカゴにお気に入りのブランケットをイン。使わないときも眺めていられてうれしい。

しまう収納

LIVING ROOM ／ 02

棚・かご

SHELF / BASKET

どうしてもその場所にあってほしいけれど見せたくないモノ、そこはしまう収納の出番です。特にインテリアにこだわりたいリビングでは、収納アイテムもデザイン優先で選びます。リビングで必要なモノは生活感が出すぎてしまうので、かごやバッグ類が大活躍。おしゃれに隠しながら、使いたいときにすぐ出せる優秀選手です。

　テレビルームの棚には、日常生活で必要な雑貨を収納。扉付きとはいえ、ケースなどで細かく仕分けして置き場所を決めておくことが、ごちゃつかせないための鉄則です。

ファイルボックスが大活躍

雑誌類は、ファイルボックスにラベルをつけて種類分け。シンプルアイテムが整然と並んだ景観は美しい。

機能とインテリアを両立させる

揃えてすっきり美しく！

「ヴェルソデザイン」のかごにはキャットフードを収納。スツールの下にすっぽり収まるサイズ感もかわいい！

奥行きがあるときは取り出しやすくひと工夫

奥行きの深い棚は、奥にもファイルボックスを置くことで前面のラインが揃って、取り出しやすい

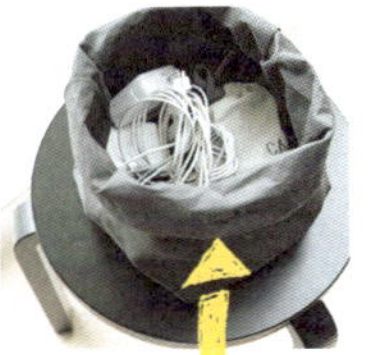

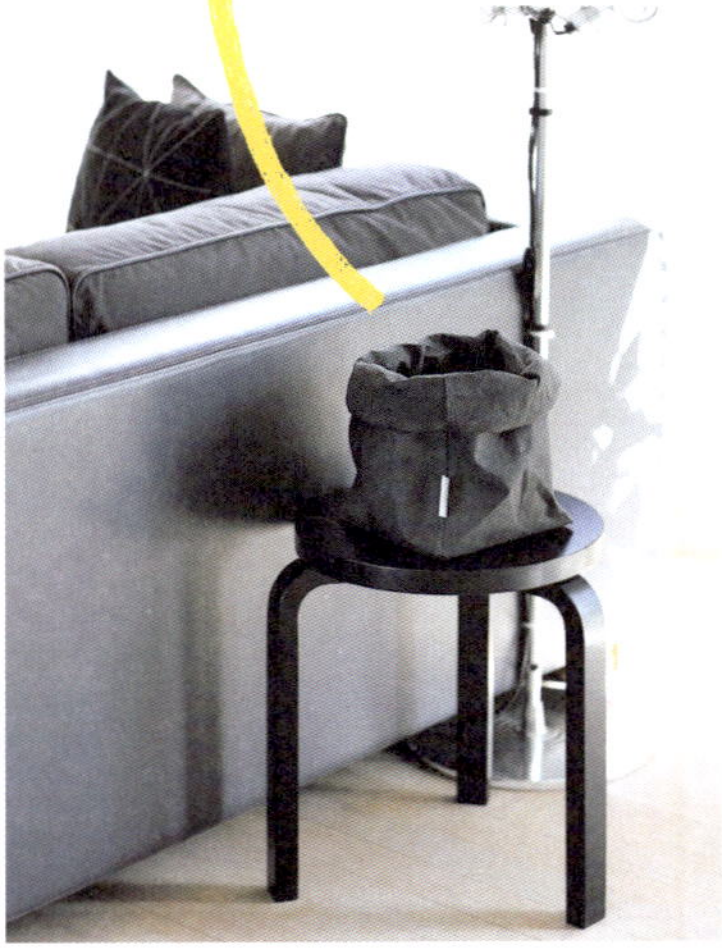

携帯などのコード類はまとめてペーパーバッグへ

セルロース素材のペーパーバッグには、コード類をまとめて入れて。必要なときすぐに取り出せて便利。掃除も気兼ねせずできる。

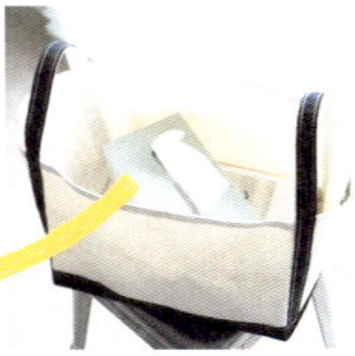

ブックトートは持ち運べる移動収納

車と家の間を行き来させる荷物は、このトートバッグに入れてまとめて移動。そのまま置きっ放しにしてもすっきり見える。

棚の中でも収納グッズで細かく仕分け

**雑貨類は
パッケージに戻して保管**

雑貨が入っていた箱も捨てずにキープしておけば、保管するのにも安心、便利。

**趣味の写真は
ファイリングして仕分け**

フィルムの時代から撮りためた写真。きちんと整理しておけばいつでも見て楽しめる。

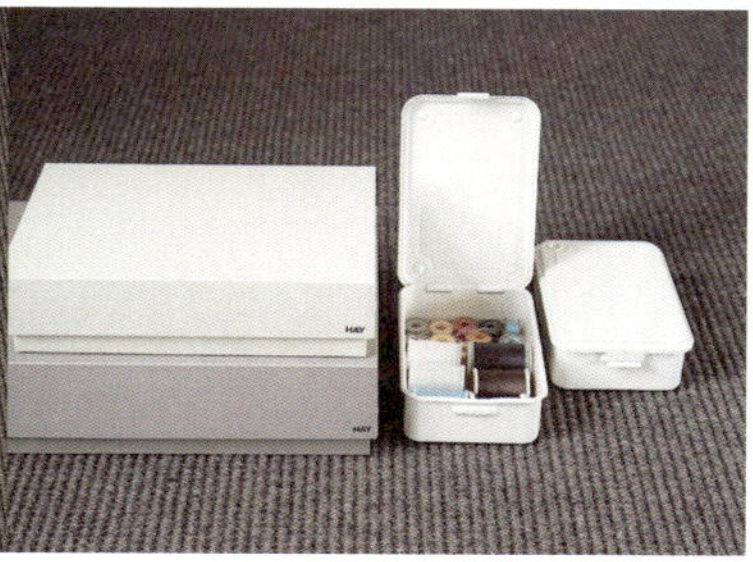

**カタログや書類は
「無印良品」のケースに**

家電などのカタログやトリセツはまとめて収納。ラベリングで中身がわかるように。

**お裁縫グッズは
箱&ケースにまとめて**

糸や針など、細々とした裁縫道具は「ヘイ」の箱と「無印良品」のフタ付きケースに。

**部屋着は定位置をココに
決めて出し入れ**

「無印良品」の布ボックスの取っ手を取り出しやすい位置に付け替えて使用。

**リモコンはトレーに入れて
TVの下に**

最近お気に入りの「クラフトワン」の紙製トレーに入れて。トレーごと出して使用。

なにがどこにあるか一目瞭然！

扉の中も、ケースや箱を活用して細かく仕分けてすっきり収納。それぞれのモノの定位置を決めておけば、出し入れしても秩序が保たれて、ずっと整理された状態をキープできる。

STORAGE RULES 3

BEDROOM

[ベッドルーム]

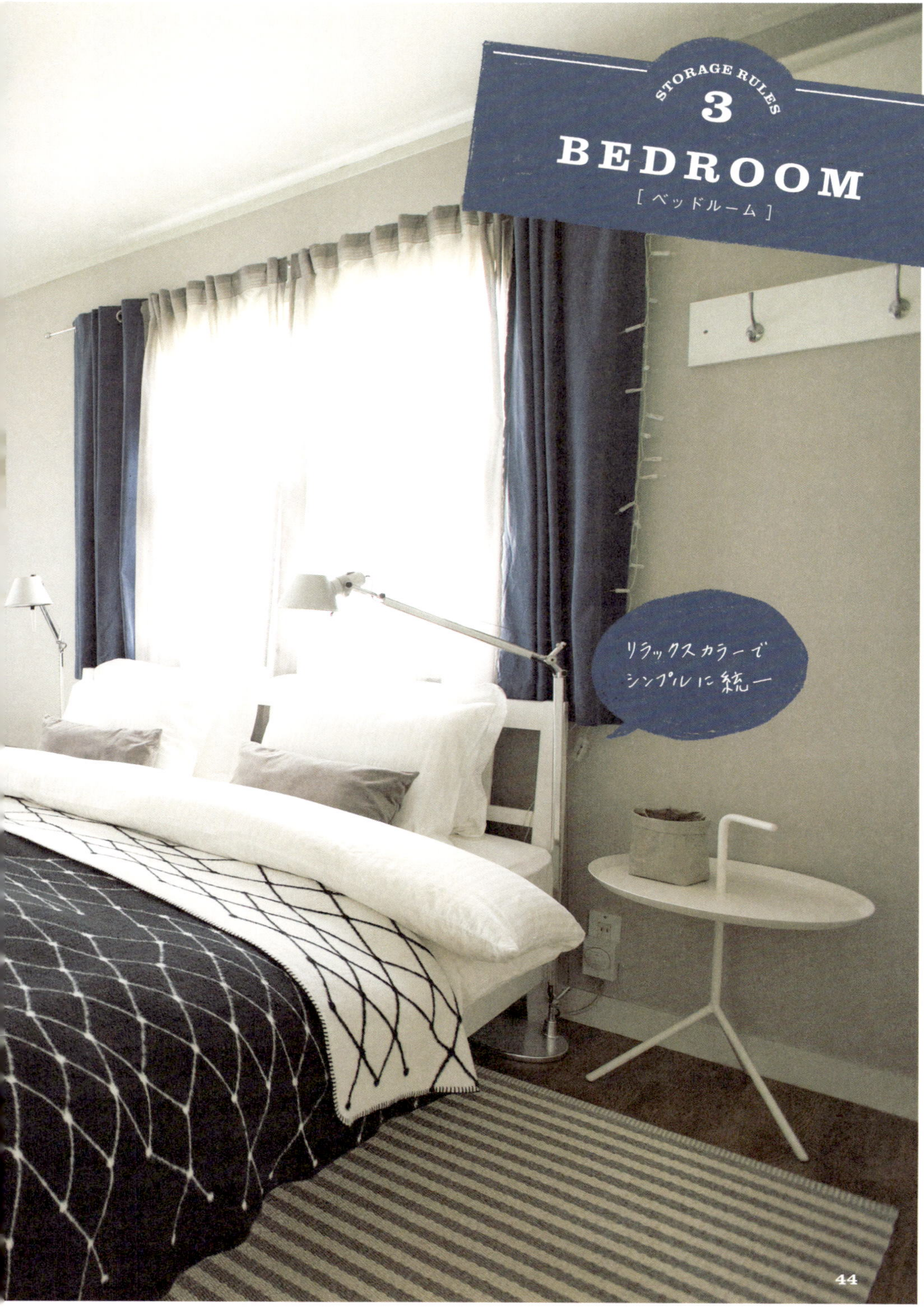

リラックスカラーで
シンプルに統一

1階のスペースは、白を基調としたシンプルなイメージをキープしているのに対し、2階はインテリアにもちょっと遊びを加えられるゾーンと考えています。特にリラックススペースであるベッドルームは、壁の色をグレーにしたことで、とても落ち着いた印象になりました。ベッドリネンやインテリアで部分的に色や柄を加えても、全体をシックにまとめてくれる効果があります。

　そんなベッドルームの収納ルールは、生活感のあるモノはとことん隠しつつ、お気に入りのアクセサリーなどをオブジェのように飾るコーナーをつくってインテリアの一部に。好きなモノに囲まれた空間は、さらなるくつろぎ感をもたらしてくれます。

79
Au
47
Ag
フレグランスやアクセを
立体的に飾って
生活感のあるモノは
引き出しにまとめて

BEDROOM / 01

壁・コーナー

WALL / CORNER

見せる収納

わが家は家自体が、シンプルな四角い間取りになっているので、印象がのっぺりしたモノになりがち。そこに動きを出したいと思い、2階のベッドルームでは壁やコーナーを使って、1階ではできないような遊びのある、見せる収納に挑戦しています。

ベッドの足元側の広い壁に取りつけた「ムート」のフックは、その最たるモノ。大好きなバッグやハットがそのままインテリアに変身。アクセサリーは透明のガラスケースに入れて重ねたら、身につけていないときでも部屋のアクセントとして活躍します。

北欧のコートフックで遊びをプラス

北欧ブランド「ムート」のフックをランダムに並べて。のっぺりした印象の壁に動きをプラス。

気分に合わせて好きなモノを編集

お気に入りのアクセは見せつつしまう

リングやピアスは中の見えるガラスケースに。段差をつけて飾るとしゃれたコーナーに。

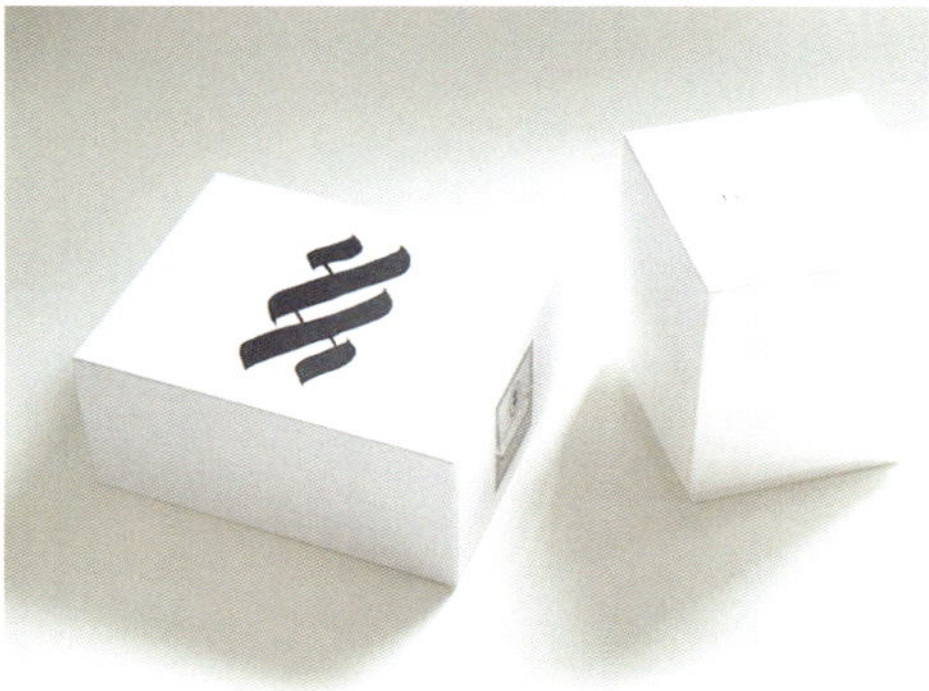

おしゃれな空き箱を重ねてコーナーをつくる

デザインのすてきなパッケージは、そのまま飾るだけで彩りに。中にヘアピンなど細かいモノも収納できる。

ポケットティッシュはバスケットにまとめて

北欧の手編みキットで自作したバスケットにポケットティッシュを入れ、実用を兼ねたインテリアに。

BEDROOM / 02

引き出し

DRAWER

ベッドルームの奥の窓際は、私が日々ブログを綴っているパソコンスペース。「ファイル」でつくってもらった収納一体型デスクの引き出しには、1段目に文房具、そして2〜3段目にはコスメやメイクに使うさまざまなグッズを入れています。

意外な組み合わせ?と思われるかもしれませんが、出かける前はパソコン前の椅子を鏡の前に移動して、ここでメイクをするのです。さっと出してメイクしてすぐお片づけ。効率を考えると、ここがメイク用品のいちばんの収納場所になるわけです。

引き出しを化粧台にアレンジ

メイク用グッズが仕分けして収納されている2段目の引き出しを出したまま使えば、化粧台に早変わり。

化粧品と文具はストレスなく使えるように

3段目

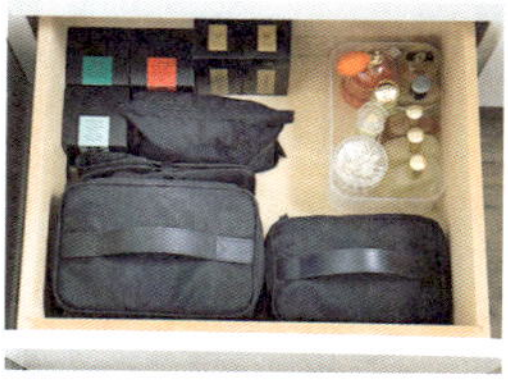

2段目

1段目

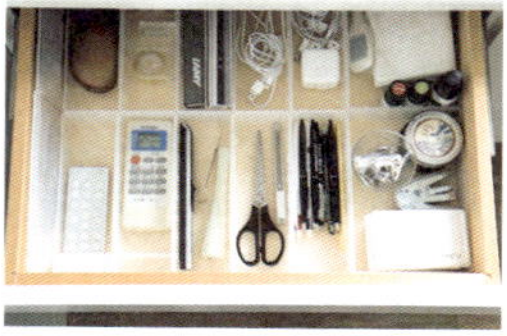

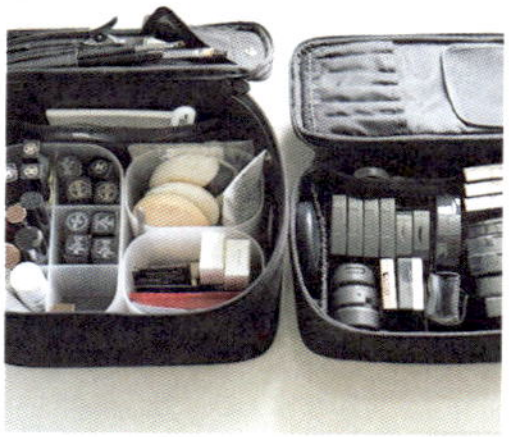

化粧品

コスメは2つのヴァニティーケースに。黒にこだわった結果、化粧品はほとんどが「シャネル」に。

コットン・スポンジ

メイクに使うコットンなどはガラスの器に入れてケースに。ポプリが香りのアクセントをプラス。

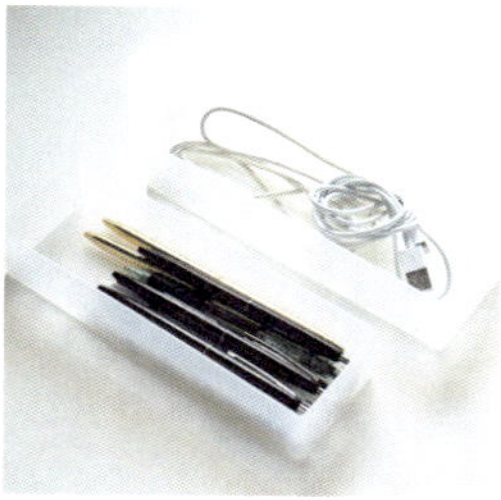

筆記具・PC用コード

「無印良品」のケースに、ボールペンやコード類を種類別に細かく仕分けて収納。

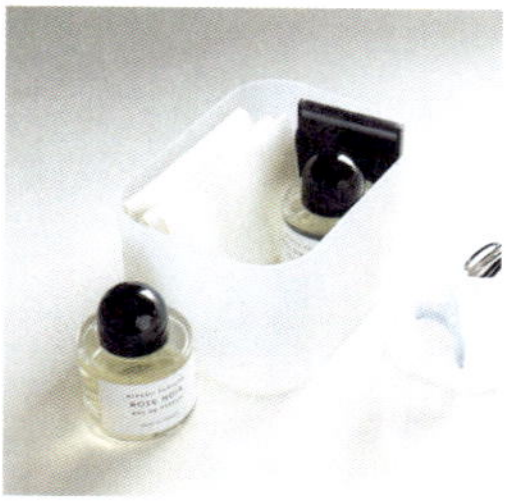

香水・ビューラー

香水やビューラーは深めのケースに。香水の横にはスポンジのストックを立てて一緒に収納。

ジッパー付きケース

引き出し内の隙間には、シャーペンの芯を入れたジッパー付きケースをスペーサー代わりに。

BEDROOM / 03

クローゼット

CLOSET

しまう収納

ベッドルームにつくりつけになっているクローゼット。向かって右側が私用、左側が夫用のエリアと分けて、2人分の衣類をまとめてここに収納しています。冬用のコートと部屋着は別の場所に置いているので、基本的にわが家では衣替えは必要なし。一年中この状態が続きます。

クローゼットの収納ルールは立つか、立たないかの2種類だけ。それほど広いスペースではないので、折りたたんで立つものはケースに立てて効率よく収納。柔らかい素材や型崩れが気になるものだけハンガーにかけて吊るします。

しまいやすいシステムを考える

収納効率を考えて、ハンガーにかけるものをなるべく少なく。小物やバッグ類も種類ごとにまとめて。

たたみ方や入れ方を工夫して収納力アップ

カジュアルなパンツはたたんで隙間に

ジーンズは平らになるたたみ方でコンパクトにまとめ、ケースの上部に。

ハンガーを揃えると見た目もきれい

ハンガーは「イケア」で統一。かさばらず、見た目もすっきりした印象に。

カットソーはブックエンドでタテ収納に

カットソーはたたんで立てて収納。ケース内をブックエンドで仕切って効率アップ。

小物類は「無印良品」の仕切りケースに入れて

ベルトは1本ずつ巻いて布ケースに入れ、倒れないように工夫。それをまとめて引き出しケースに。

季節物や使用頻度の低いバッグは上に

ストールなどの季節物やバッグ類は、保存用袋に入れて布バケツにまとめてラックの上段に。

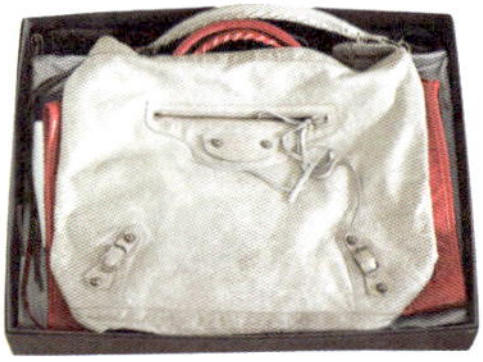

ペタンコバッグは箱に重ねて

マチがないペタンコバッグは重ねて箱に入れ、引き出しケースとラックの隙間に。

STORAGE RULES 4

BATHROOM

［バスルーム］

海外の空間をイメージした見せる収納

洗面所&バスルームは白×ライトグレーを基調にしたカラーリングで、清潔感のあるシックな空間に。カウンター面を広々とさせたかったので、洗濯機は天板下に組み込みました。デザイン性のある白い水栓金具もお気に入りです。

　このスペースは海外のホテルをイメージしています。どうしても生活感が出てしまう場所なので、しまえるものはすべて天板下の引き出しに。動線を考えて、バスまわりで使うモノのストックもこちらの棚に収納しています。白で統一したタオルはたたみ方にもこだわって、デザインのすてきなボトル類とともに見せる収納に。インテリア雑誌を参考に、ホスピタリティ感が漂うような空間づくりを目指しています。

白ベースで
清潔感を大切に
ストックは
使う場所の近くに

BATHROOM / 01

洗面台まわり

WASH STAND

ゆったりしたスペース取りにこだわったカウンターの上には、マウスウォッシュや歯ブラシ、バス用洗剤など、パッケージのデザインがすてきなモノだけを飾るように並べています。コップやコットンを入れた容器も、グレーがかった白を選んでまとまり感のあるカラーリングに。

海外のホテルがイメージソースなので、このスペースに置くタオルは白に限定。たたみ方も統一して、折り目を手前にし、同じサイズ同士を重ねて棚の上に置きます。一緒にソープやボトルを置いて、見せる収納の出来上がり。

お気に入りの容器を飾るように配置

カウンター上に出しておくのは、すてきなデザインのお気に入りボトルに限定。

ホテルのような空間をイメージして

たたみ方

はじめに縦に2つ折りして、それを半分に折り、さらにまた半分に折りたたむ。輪を手前にして重ねる。

タオルは同じたたみ方できれいに重ねる

タオルはすべて同じ方法でたたんで、折り目を手前に揃える。同じサイズごとに数枚重ねて棚に。

浴室で使うタオルはエコバッグにまとめる

入浴時に使うタオルは、さっと手にして浴室に入れるように入り口手前にかけたエコバッグへ。使用後は洗濯して戻しておく。

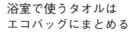

BATHROOM / 02

洗面台下

WASH STAND STORAGE

カウンターの下にある引き出しと棚は、生活感にあふれたモノだらけのバスルームにとって、なくてはならない収納場所です。ヘアブラシやドライヤーなどの実用品、パッケージを見せたくない歯磨き粉などはゴチャつかないよう、細かく仕切って引き出しに。
　入浴剤やソープ類などは、面倒な詰め替えをしなくてすむように、パッケージのデザインも中身も納得するモノを時間をかけて見つけました。これらは常時棚にストックしてあり、扉を開けたときにも見てうれしくなるような収納を目指しています。

**おしゃれな容器なら
ストックコーナーもすてきに**

棚を開けるとすてきなデザインのバスグッズやタオル類が透明ケースに並んで大集結。見るだけで気分が上がる。

動線を考えた配置でストレスフリー

ストックの収納

手拭き用の使いきりタオルはバスケットに収納

洗面台で使う手拭き用のタオルは1回の使いきりにしているので、使うたびにここから出して使い、使用後は洗濯かごへ。

パッケージデザインのすてきな入浴剤やソープ類

香りもパッケージのかわいさにもうっとりの「サンタ・マリア・ノヴェッラ」の入浴剤や「イソップ」のハンドウォッシュをまとめてストック。

引き出し収納

3段目にはドライヤーとネイルグッズ

マニキュアとネイルケア用品をセットで収納。真ん中のケースにはルームフレグランスが。

引き出し内に3つ並べてぴったり収まる「インターデザイン」のケースに入れて仕分け。

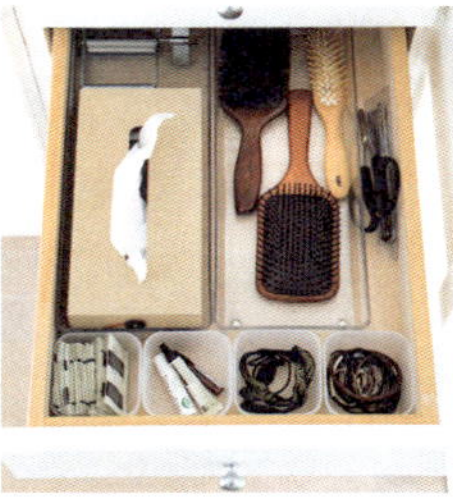

2段目にはヘアアクセやブラシ類

ヘアブラシはここにまとめて。見せたくないティッシュケースも引き出しの中に収納。

小さめサイズのプラカップはヘアゴムやリップクリームなど細かいモノを仕分けるのに便利。

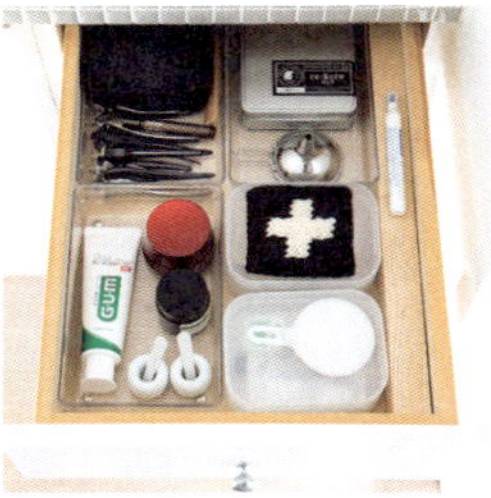

1段目にはデンタルケア用品をメインに

歯磨き粉やデンタルフロスなど、納得のデザインが探し出せなかったモノはここに。

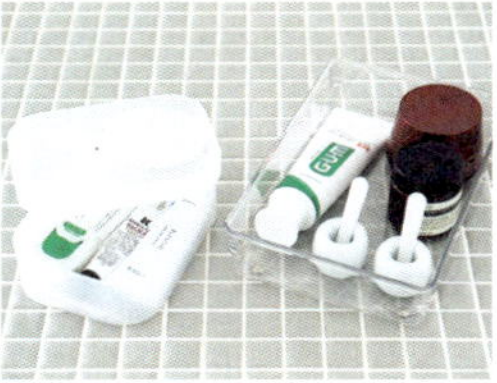

クリーム用のミニパテは「無印良品」の歯ブラシスタンドに立てて収納。

STORAGE RULES

5 OTHERS

［その他］

階段下のスペースを利用した納戸には、生活用品や出かけるときに必要なモノを収納。スチールラックと引き出しケースやボックス類を組み合わせて、限られたスペースを無駄なく使えるように工夫しています。

OTHERS / 01

スチールラック

STEEL RACK

用途や使用頻度でしまい方や配置を変える

洗剤やスポンジの買い置きを

日用品のストックはファイルボックスで仕分け

キッチン用の洗剤やスポンジなどの消耗品は、用途ごとにファイルボックスに。ラベリングして中身をわかりやすく。

あまり使わない…

ラッピング用梱包材は引き出しケースに

プレゼントのラッピングなどに使う梱包材は引き出しに。まとめておくと使うとき便利。

よく使う!

ウエス用の古布はバケツにポイっと

ゴム製バケツ「タブトラッグス」に古タオルなどをまとめておいて、ウエスとして使用。

ときどき使う

床用のラグはストックボックスに

模様替え用の「パペリナ」のラグは、段ボールのストックボックスに入れて重ねて収納。

お出かけに使う

エコバッグやポーチ類は仕分けしてまとめておく

置き場所を決めてまとめておけば、出かける前の荷物の準備もスムーズに。

半透明のケースの前面にカッティングシートを貼り、ごちゃついた中身が見えないように工夫。

OTHERS / 02

デスクまわり

AROUND THE DESK

昔のデスクの天板を再利用し、「イケア」の脚にのせてつくったデスク。引き出し類がまったくないので、収納場所をどうするか、が最大のテーマでした。ほとんどが手持ちのグッズを活用した、アイデア重視の収納術です。

引き出しがなくても収納する方法

見せながらしまう

使用頻度の高い文具は出したままに

ドイツの「e+m」のペン立てや「ヘイ」のクリップスタンドなど秀逸なデザイン小物があれば、文具も出しっ放しでOK。

アイテムがすてきなら出しっ放しでも絵になる

スーツケースには暑い時期は暖房器具を収納。ポスター類は丸めて置くだけでインテリアに。

収納グッズを組み合わせる

机の上のモノはおしゃれな箱に

細々したモノはまとめて「ヘイ」のデザインボックスに入れておけば、探すのも簡単。

「ヴァルプネン」のサック＋カゴ

「ヴァルプネン」は1枚だとクタッとするので中にカゴを仕込んで電卓などを収納。

布きんちゃくを収納用グッズに

いただいたぬいぐるみやお正月のディスプレイに使うコマは布きんちゃくに入れて。

立方体がかわいい「ヘイ」の箱

置いておくだけで絵にになるボックス類は、収納道具として大活躍。

「ハイタイド」のおしゃれなパルプボックス

無骨なデザインが存在感あるボックスは書類入れとして活用。

文房具を自分流にディスプレイ

ずっと取っておきたいと思う大切な本たちとともに、インテリア小物を配置したオリジナルな空間。雑誌の切り抜きや古い本は下のファイルボックスに隠して収納。

OTHERS / 03

本棚

BOOK SHELF

階段を上がった正面の廊下にある「イケア」の本棚は、偶然壁の幅とぴったりでした。どの部屋からもちょうどいい距離感で、お気に入りの場所。ここには保存版の雑誌類を収納し、ディスプレイをたまに変えて楽しんでいます。

雑誌の収納は寝かせて重ねるが基本

立てるとテレっとして形が崩れてしまうのがいやなので、寝かせて重ねる。

小さなコーナーをつくってアクセント

空いた空間に小物を飾ってアクセントに。季節感のあるディスプレイにすることも。

OTHERS / 04

トイレ

TOILET

色を抑えるとまとまる！

2階のトイレの目玉は、「コンシールシェルフ」を使って洋書を棚にした部分。ネイビーのトイレに合わせて青い背表紙を選びました。トイレットペーパーもオブジェっぽく。

OTHERS / 05

下駄箱

SHOES CLOSET

下駄箱には靴類と一緒に、植物用のハサミなど庭まわりで使うグッズを一緒に収納しています。プチプラ系ショップで購入した隙間利用の収納アイテムが、意外と活躍してくれています。

お散歩＆玄関まわりの道具を集約！

column／02

しまう収納グッズ Best 7

1 | オーダーメイドのスペーサー

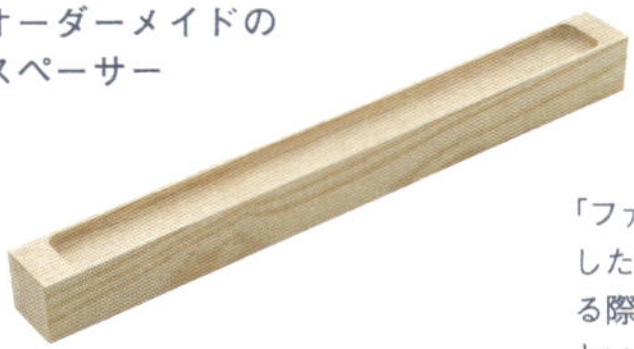

「ファイル」でオーダーメイドしたスペーサー。開け閉めする際に、引き出しの中が動くというストレスが軽減。

4 | 「ミドリ」のパルプストレージカードボックス

名刺やショップカードを入れるだけのラクチン収納ボックス。パルプ素材なので軽くて丈夫なところが◎。

3 | 「モノトーン」のネームプレート

ラベリングする際に使うと、なんの変哲もないボックスやケースがちょっとしたインテリアに。

2 | 「インターデザイン」のドロワーオーガナイザー

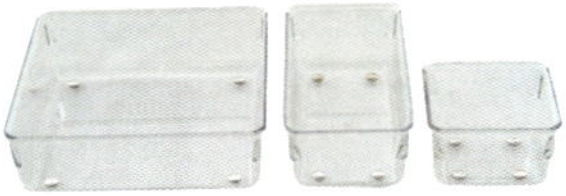

サイズが多展開されているので、組み合わせ次第でさまざまな場所に使える。クリアな透明感も好き。

7 | 「ハットショップ」のクラフトボックス

頑丈で中敷きがあるので、重いモノでも収納可。段ボールなので、使わないときは折りたためる。

6 | 「リヒトラブ」のデスクトレー

シンプルなブラックなのでインテリアの邪魔にならない書類ケース。書類や保存しておきたい雑誌を収納。

5 | 「無印良品」の仕切板

ブックエンドという本来の目的はもとより、クローゼット内の収納用のストッパーとして大活躍。

3

片づけをラクにする
小さなアイデア

idea 01

収納グッズにこだわると片づけが数倍楽しくなる

見せる収納グッズはもちろん、表からは見えない収納グッズにだってこだわりたいと思っています。ただシンプルなモノではなく、大事にしたいのは〝好き〟という感覚。棚や引き出しを開けた瞬間、心躍る収納グッズがお出迎えしてくれると、「片づけをがんばろう！」という原動力になるんです。

見せる収納グッズは、劣化しやすい材質にはとくに気をつけ、インテリアの一部になるモノを選びます。収納するたびに、そうしたお気に入りのモノに触れ合える喜びが。また、「これだ！」という収納グッズを買い足していくことも楽しみのひとつです。

ひより流収納グッズの選び方

変色しにくい素材を選ぶ

経年劣化や古さが目立つのはプラスチック素材。とくに白のプラスチックは黄ばみが目立ちやすいので、透明や半透明のモノをチョイス。

いろんな用途で使えると便利

「クラフトワン」のオリジナルトレーは、書類入れ、パソコンケース、小物入れ、季節のディスプレイ……と幅広い用途で活躍中。

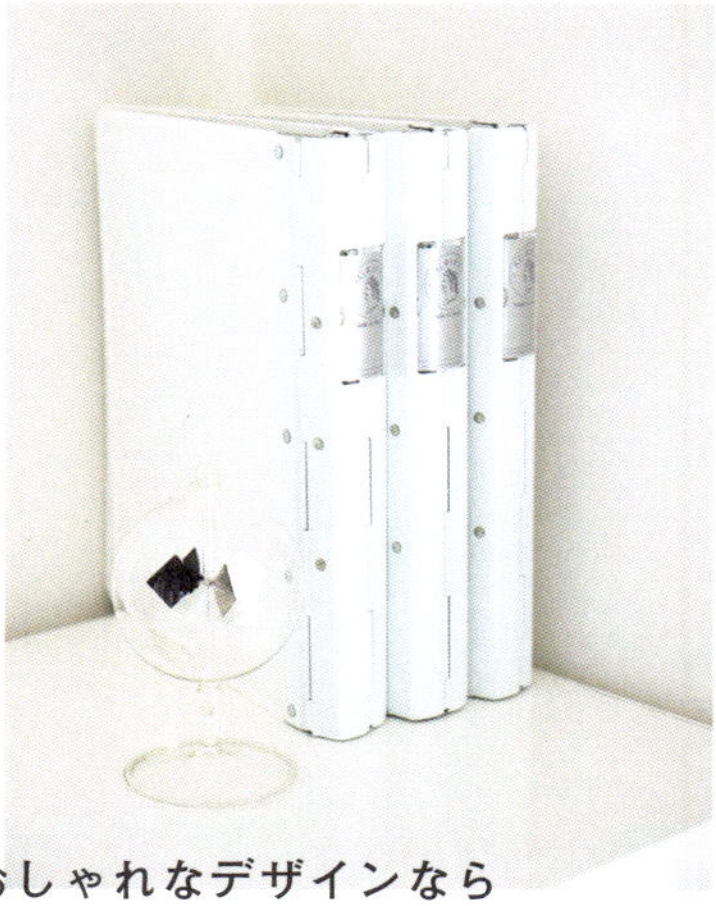

数を揃えたいモノは
お試ししてから買い足す

気になる収納グッズは、いくつか買ってみて、まずはお試し。見た目の好き嫌いだけでなく、使い勝手の良し悪しが確認できる。

おしゃれなデザインなら
飾っても楽しめる

かっこいい佇まいに一目ぼれした、スチール製の「アグリッパ」のバインダー。ビニールポケットに雑誌の切り抜きレシピを入れて使用。

ぴったりが気持ちいい！

引き出しを開けるたびに中のケースが動くというストレスを解消したのが「スペーサー」という存在。ピシッと整っているので収納する喜びが倍に。

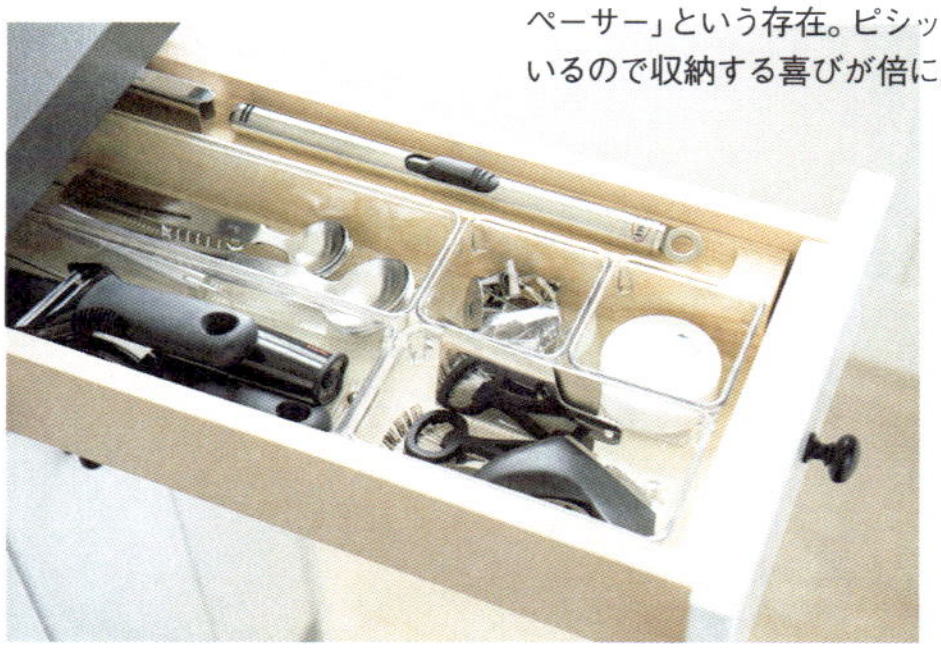

形、サイズが豊富

引き出しや棚に統一感を出したいので、同一ブランドで組み合わせが可能なモノを選び、収納したいモノによって使い分け。

✓idea 02

すっきり見せるためのルールをつくる

好きな道具は飾って楽しむ

毎日使うモノこそ、機能性だけでなく見た目もいいモノを選びたい。隠すのではなく、飾る収納ができるのが◎

収納する際に気をつけていることは、引き出しや棚を開けたときに〝気持ちがいい〟を実感できるかどうかです。表に見えない収納スペースに関していえば、正直見るのはわたしか夫だけ。「そこまで気を遣わなくても……」なんて思ってしまいがちですが、家事をするうえで、いいモチベーションを保ちたいので、中身もきれいでありたいです。

なにがどこにしまってあるかを把握できるように、奥行きが浅い棚を選んだり、入るからといってギュウギュウに入れてしまわないようにしています。〝詰め込まない〟〝溜め込むことができない〟そんな収納がわが家の理想です。

すっきり収納のMYルール

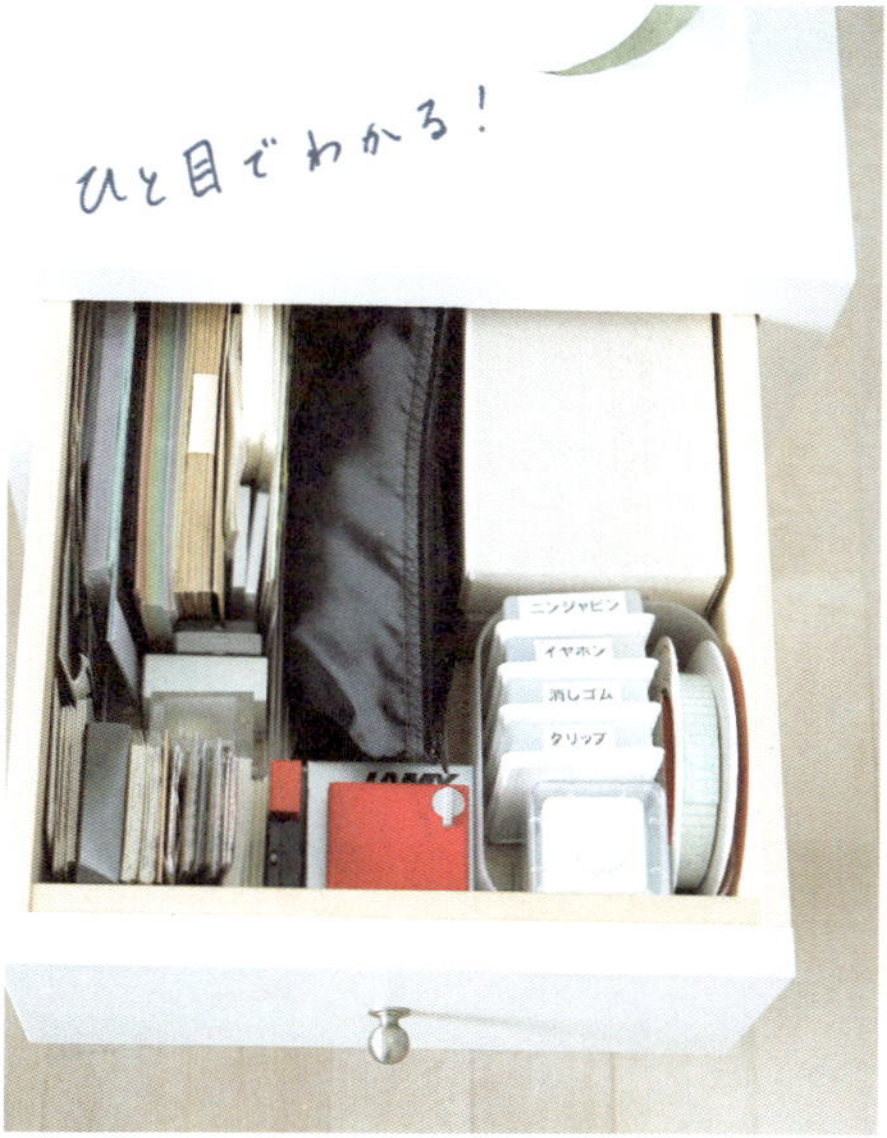

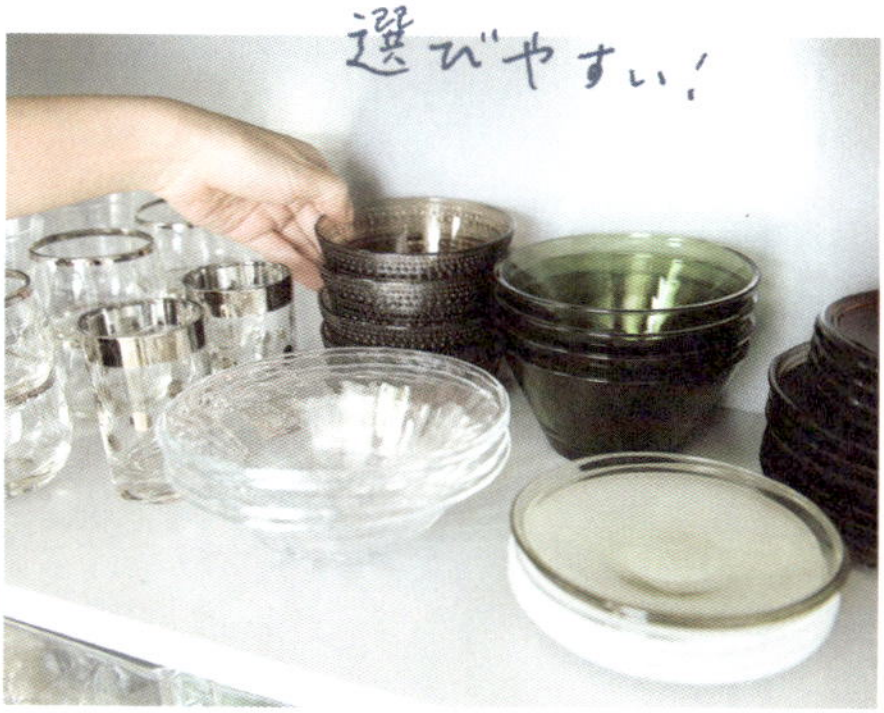

棚はゆったり
引き出しはきっちり

棚は、全体を見渡せるように詰め込みすぎないように。取り出しやすくすることで、存在を忘れない効果も。

好きな色を最小限に

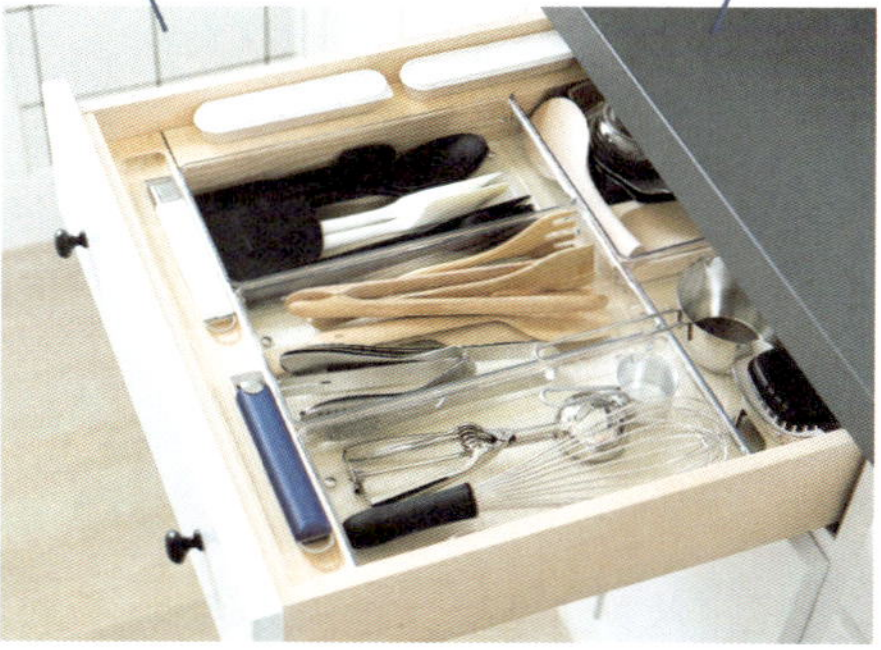

色や素材で仕分けする

用途別で分けることが多いキッチンツール。あえて、色や素材別に収納すると、見た目がすっきり片づいた印象に。

小さなモノこそ
とことん仕分け

文房具など細かなモノでも、それぞれケースを用いて収納。「取り出しやすく、しまいやすい」が基本。

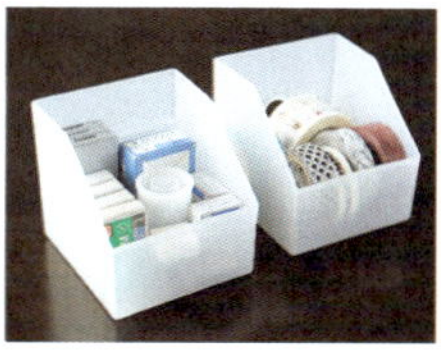

✓idea 03

移動かごを置いて出しっ放しを防止

あとでたたむから、あとでしまうから……と洗濯物や書類を放置していると、リビングがすぐに散らかってしまいます。そうなるとだんだん片づけるのが面倒に。とくに戸建て住宅の場合は各階の移動が億劫に感じてしまい、気を抜くとすぐに雑然としたリビングになってしまうかもしれません。

そうした負のスパイラルに陥らないように、わが家では、移動かごや移動用トートを活用しています。「ここに入れておく」という決まりがあると、散らかし防止という効果だけではなく、1階⇕2階、家⇕車の行き来において、運び忘れを防ぐこともできます。

洗濯物などの一時置き場はつくらない

「あとでやるから」と放置していると、リビングがなかなか片づかない原因に。逃げ道をつくらないことが肝心。

ブックトートはお出かけやお買い物用に

車で外出する際に活躍してくれる「テンベア」のブックトートは、頑丈なつくりなので、重いモノでも楽々。

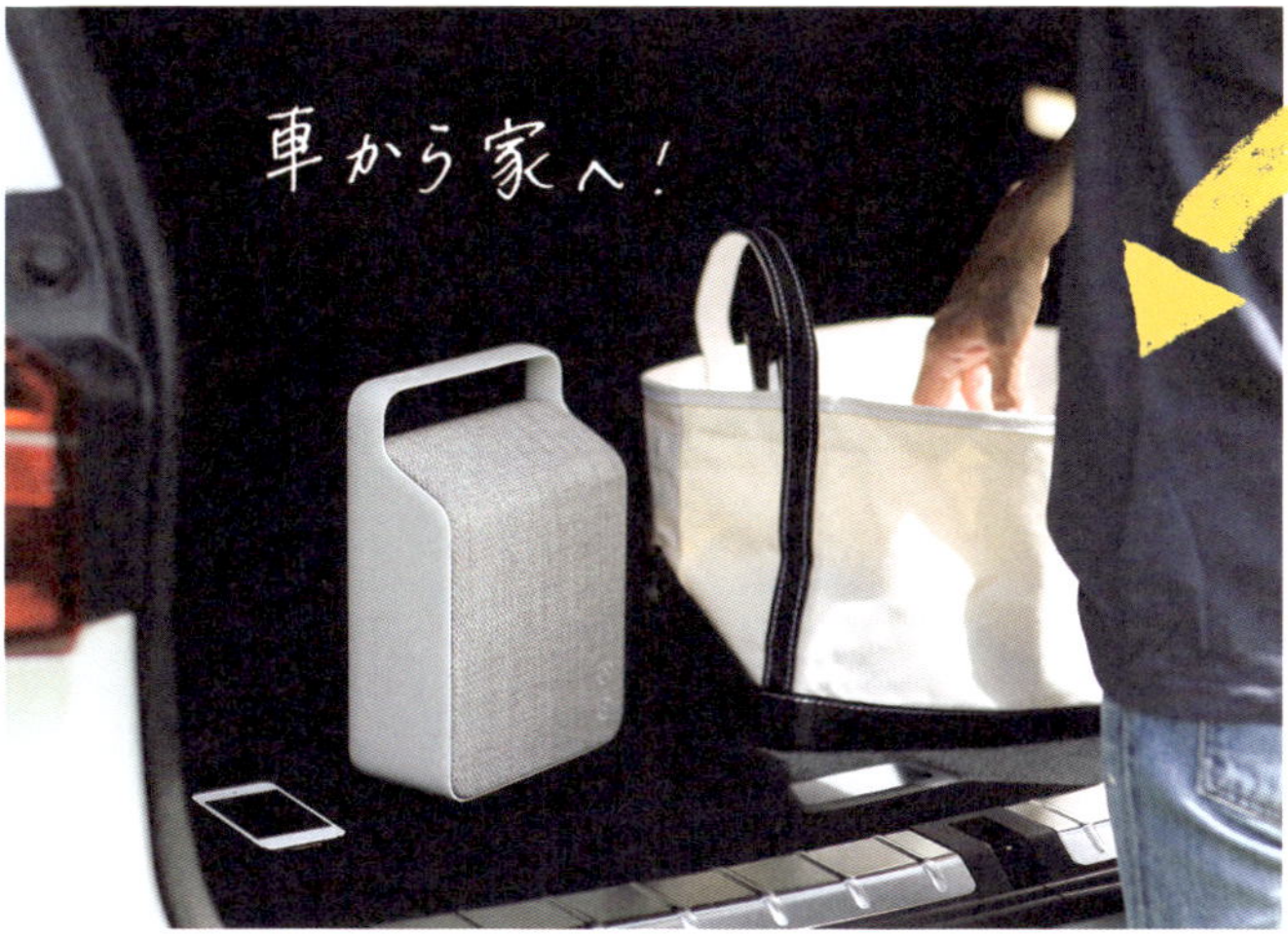

たためばコンパクト!

1階と2階を行き来するフェルトかご

2階へ運ぶ洗濯物や書類を入れておく「ムート」の移動かご。一度にたくさん運べるので色違いで愛用中。

idea 04

モノを見直して溜め込まない

お気に入りのシェアを楽しむ

欲しいといってくれた人に譲ったり、物物交換をしたり。お互いの"好き"を共有できるのがうれしい。

　好きかどうかにこだわって購入しているので、わが家にあるのはお気に入りのモノばかり。ですから、シンプルに暮らしたいといっても、「モノを減らさなくてはならない」という強い気持ちがあるわけではありません。ミニマリストのように、必要最低限のモノだけですっきり暮らすのもかっこいいですが、私は好きなモノに囲まれることに幸せを感じるタイプ。

　ただ、〝新しい好き〟を迎えると、〝好きだけど今の自分には不要なモノ〟が出てきてしまうのも事実です。そんなときは、家族や友人たちに譲ったり、リサイクルに出したりします。

ひより流 溜め込まない工夫

雑誌は読んだら
すぐに処分

処分する雑誌を入れておく「コンスタンティン スラヴィンスキー」のマガジンスタンド。手元に残しておきたい海外の雑誌はディスプレイとして。

ユニクロの部屋着は
店頭リサイクルへ

室内着はプチプラの「ユニクロ」で統一。新しいモノを買ったら手放すので、店舗のリサイクル回収サービスはありがたい。

日用品のストックは
収納スペースに入るだけ

切れると不安になるので、つい買い溜めしてしまう日用品。“収納ケースに入るぶんだけ”と決めることで、買いすぎを防止。

✓idea 05

トレーを使って置き場所を明確に

片づいた印象を簡単につくれるトレーという存在は、わが家にとって欠かせないアイテムです。「元あった場所に戻す」というのは片づけの基本姿勢ですが、これがなかなか難しい。ちょっと気を抜くと雑然とした印象になってしまいます。

トレーを使って置き場所を明確にすることで、片づけが習慣になるだけでなく、ちょっとしたディスプレイになることも。また、雑貨をただ飾るのではなく、トレーに置くだけで全体的に締まった印象になります。〝身のまわりのモノがインテリアになる〟、トレーにはそんな魅力があると思います。

玄関コーナーは用途別トレーで迷わない

車の鍵やハンコ、カッターなど、玄関脇にあると便利なモノの置き場所をはっきりさせておくことが肝心。

季節の果物がインテリアに

なんの変哲もないリンゴでも、大理石の「ヘイ」のトレーに飾るだけで、ディスプレイとして楽しめる。

個性のあるモノたちに一体感を出す

「ザ ヴィンテージ ヴォーグ」のウッドトレーには、時計やハンドバーム、アクセサリーなど外出時のお供が。

掃除のときにまとめて動かせる

マウスウォッシュや歯ブラシなどは、直置きせず「ヘイ」のトレーにまとめて。すっきりするだけでなく、掃除もラクに。

掃除グッズを同じチームでまとめられる

アルカリウォッシュや食洗機用洗剤、ブラシなど、キッチンの掃除道具・洗剤はトレーにまとめて置き場所を明確に。

✓idea **06**

見た目の美しさと収納力は比例する

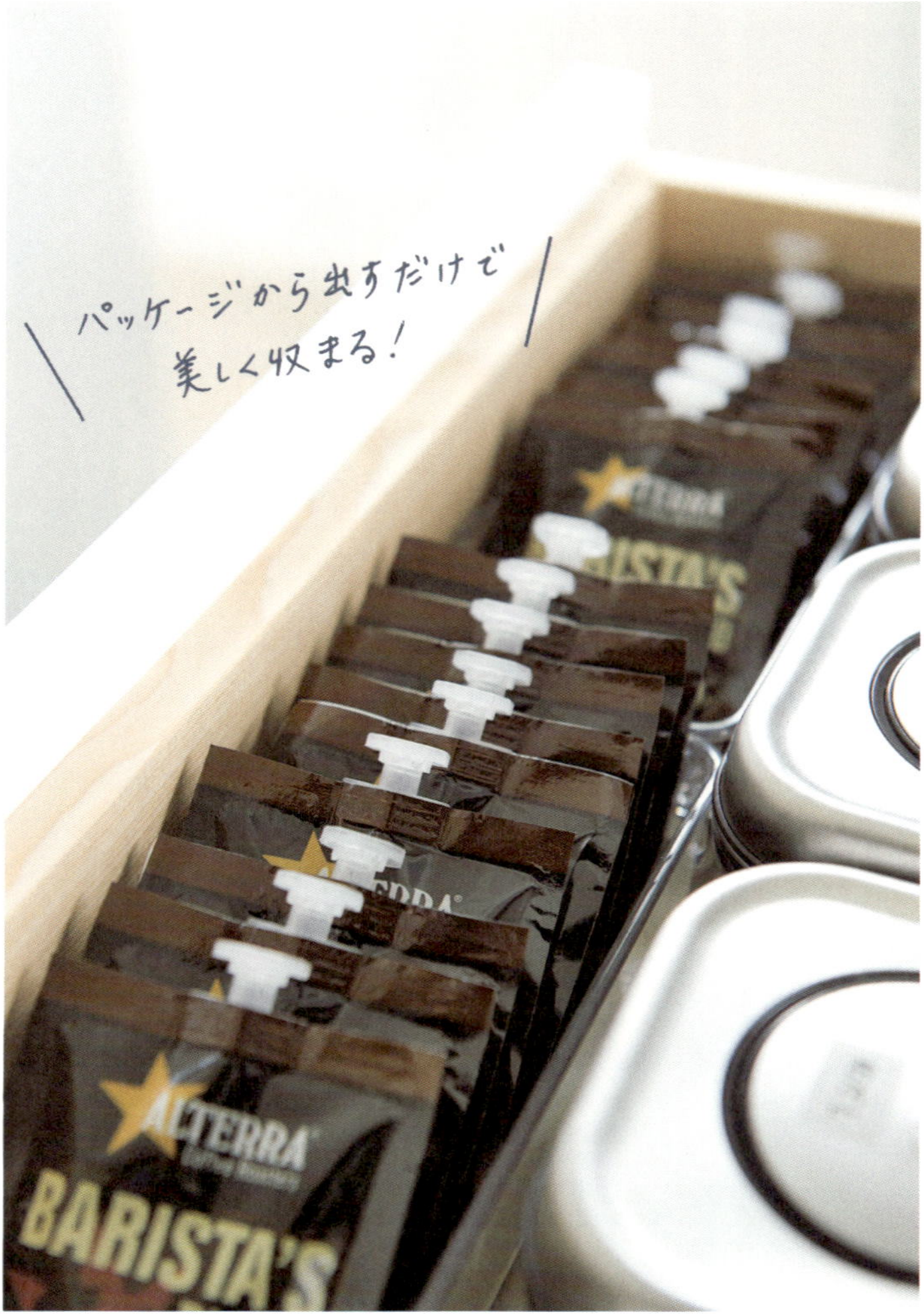

わが家にあるのは好きなモノばかりなので、ただ収納力だけを優先させるのではなく、見た目も美しくありたいと思っています。参考にするのは、海外のインテリア写真や、よく行くお店のディスプレイ。商品を取りやすく、そして、きれいに見やすく並べることを心がけているはずなので、お店の陳列方法から学ぶことも多いのです。

ズラしたり、入れ替えたり、たたみ方を一工夫したり……ちょっと手間をかけるだけで、モノがきれいに見え、そして収納力は倍にもなる。そうやって〝限界のあるスペース〟と付き合っていきたいと思います。

ズラして1.5倍!

after

before

パンプスはつま先をタテに ズラしてコンパクトに

左右揃えず、前後にズラして並べると、パンプスの場合は収納力が格段にアップ。大好きな靴は、下駄箱以外にスペースを広げないように自制中。

真っすぐに たたんで1.5倍!

パンツは「ユニクロ」の たたみ方をお手本に

すそがウエスト部分にかぶらないように5cmほどずらして2つ折りに。さらに先ほど折った部分の真ん中あたりで折り返すと平らにたたむことができる。こうすることで、バランスよく真っすぐ積める。

パッケージから 出して2倍!

ティーバッグや茶葉は 収納しやすい容器に移して

パッケージが目にうるさいこともあり、ビンやケースに移し替え。見た目だけでなく使い勝手も向上。

✓idea 07

整頓しやすいのは やっぱりシンプルな食器

大好きなキッチンがいつもお気に入りであふれていてほしいので、テーブルウェアは好きなモノを見極めて厳選しています。購入前の段階で、収納したときの見え方を想像し、家に合うかどうかまでを意識。また好きなブランド・作家を決めておくと、買い足したときに統一感が自然と出るので見た目にもよく、失敗することはありません。

　わたしが好きなブランドは「ヨナス・リンドホルム」や「クリスチャンヌ・ペロション」など。買いやすい値段では決してないのですが、だからこそ購入に慎重になり、一度手に入れたら永く愛することができるのです。

食器棚をきれいに見せる
食器の選び方

できる限り4〜6客ずつ揃える

普段は夫婦ふたりですが、来客時のことを考えて揃える食器の数は４枚〜６枚にすることが多い。ワイングラスも同数以上所持。

基本の色は白のバリエーション

料理を選ばず扱いやすいので、食器は白系を中心にコレクト。同じ白でもクリームからグレーっぽい白まであるので、気分で使い分け。

個性的な器同士でグループを作る

いびつだったり、装飾がある個性的な器は、形や雰囲気ごとに集合。違う作家さんのモノでも、重なると自然と統一感が生まれる。

多用途で使えるモノを取り入れる

同じシリーズなら、小皿をソーサー代わりとして使えるので、一石二鳥の“お得感”が。意外な組み合わせを考えるのも楽しい。

✓idea 08

ラベリングで片づけがスムーズに!

モノを収納ケースから取り出したものの、「どこに戻すんだっけ?」などと毎回ストレスを感じないためにも、見えない収納の〝可視化〟をおすすめします。

そんなときに活躍するのがラベル。表に出ている収納にラベリングをする場合は英語で、納戸やパントリーの中など見えない収納には、実用面を優先させ、日本語でラベリング。その際、文字サイズは小さめにし、ラベルの位置を揃えて貼るのが美しく見えるポイントです。また、実用性がアップするだけでなく、ラベルのネームプレートによりおしゃれに見えるという、うれしい誤算も。

ピータッチ

あると便利な ラベルグッズを用意

ピータッチは「ブラザー」のJ100W、ネームプレートは「モノトーン」を愛用。フォントは空間ごとに変更。

シンプルなケースを 自分流にアレンジ

なんの変哲もないケースでも、ラベルの小窓があるだけでポイントになり、個性も出て、グッと締まった印象に。

中身が見えない容器は ラベルで明確に

「ロフト」で購入したボックスには、乾物や小物を。横から覗けば中身がわかるように側面にラベリング。

図書館のように
すべてラベリング！

小さく記すだけで 誰が見ても中身がわかる

仕分け収納をしている納戸のストックボックスや引き出しケースにもラベルを。取り出すのも戻すのもラクに。

✓idea 09

溜めやすいモノはマイルールをつくっておく

収納する際のマイルールは「継続可能かどうか」。あまりに細かく仕分けたり、几帳面に収納したりするのは、すぐにギブアップ。その筆頭がレジ袋の収納かもしれません。三角折りにしてすっきり収納している方も多いかもしれませんが、わたしには到底無理な収納法。適当に結んで、ネットにポイッが、続けられるマイルールです。ポケットティッシュも同様に、〝適当収納〟が合っているようです。

ショッピングバッグやリボンなどの包装用品はついついとっておきたくなりますが、〝収納スペース以上は増やさない〟をルールに、厳選して残しておきます。

ポケットティッシュ

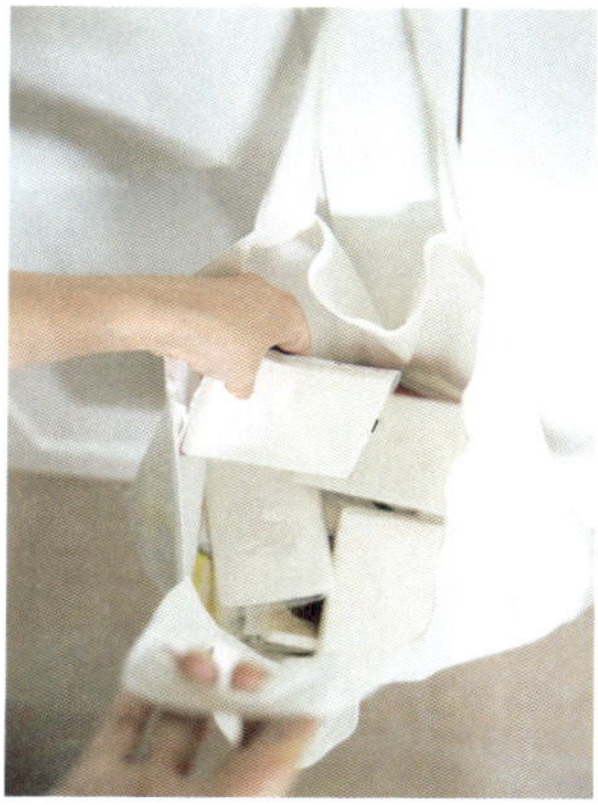

エコバッグに放り込み収納

ポケットティッシュはエコバッグに入れて納戸に掛けておく。お出かけ時はここから取り出してバッグにイン。

レジ袋

きっちりたたまずネットにポイッ！

適当に結んだレジ袋は「ペリゴ」のネットに上から入れて、下から抜き出す。どこにでも掛けられるのが◎。

リボン

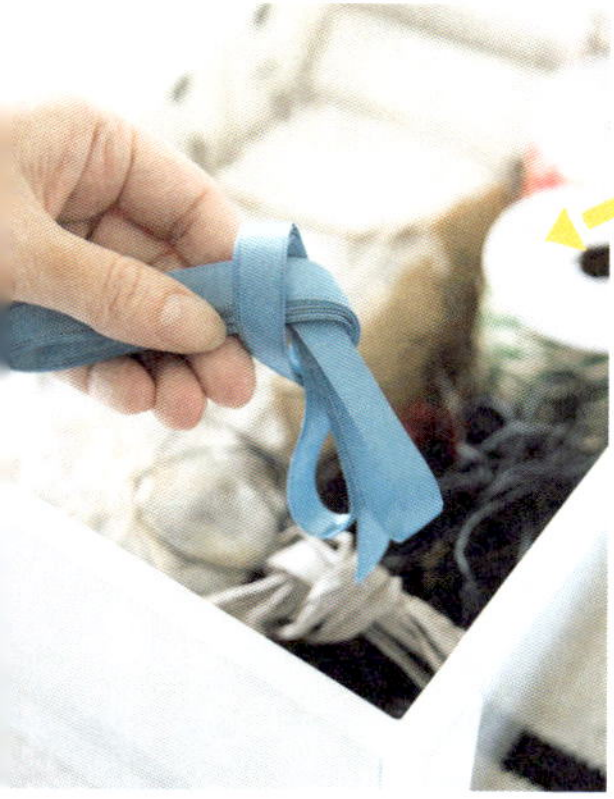

リボンは結んでストックケースに

おしゃれでシックな色合いのひもやリボンをストックしておけば、セルフラッピングをする際に活躍。

ショッピングバッグ

厳選して選んでひとつにまとめる

「ひとつの袋に入るぶんだけ」と決めて、丈夫であったり、高級感のあるモノだけを厳選し、ほかは処分。

カレンダー

捨てずに保管し再利用

2Fのフリールームに飾ってある「ステンディグカレンダー」。終わった月のモノは、箱を包んでディスプレイとして利用。

✓idea 10

手紙整理はひとつに集約

取っておくモノをトレーにまとめる

一時保管する郵便物は「クラフトワン」のトレーに入れて。Macのサイズにぴったりなので、目隠しにちょうどいいです。

セールや展示会などのダイレクトメール、携帯電話やクレジットカードの請求明細書など、ネット時代といえども毎日のように届く郵便物。「あとで読もう」と放置しているとテーブルの上にすぐに溜まってしまうので、届いたらすぐに中身を確認します。

請求明細書は2階の専用ボックスに入れ、不要なダイレクトメールはその場でゴミ箱へ。必要なモノ・興味のあるモノだけ、リビングに置いてあるトレーにまとめておいておきます。

定期的にチェックして、期限が過ぎたモノは処分するなど、トレイの中の見直しも忘れずに。

idea 11

レシート類は〝ゆる〟ファイリングでOK

うっかりしていると溜まってしまうレシートや領収書も、郵便物と同じように即行動が肝心です。受け取ったらすぐに不要なレシートは処分し、残しておくモノは、月別にクリアファイルに入れて保管しておきます。面倒だと思うことは続かないので、〝入れるだけ〟のファイリング。

名刺やショップカードなども、ホルダーに一枚一枚差し込むのではなく、カードボックスに入れるだけ。年賀状や写真など、永久保存的なモノに関してはある程度しっかりファイリングしますが、それ以外のモノに関しては、〝続けられるゆるさ〟がわたしには合っているようです。

✓idea 12

当たり前の習慣を疑ってみる

雑誌にヒントがいっぱい!

インターネットや雑誌で、海外のインテリア写真を眺めながら「日本とはここが違うなあ」と、文化や習慣の違いを考えるのも趣味のひとつ。最近では「ピンタレスト」(ピンボード風の写真共有ウェブサイト)を使って、好きなインテリアやテーブルウェアの写真をチェックし、インスピレーションを受けています。「これいい!」と気になるモノをピンしておけば、〝今の自分の好き〟が客観視でき、好みの変化にも気づけます。海外のユーザーが多いので、日本人には思いつかないすてきな習慣を知ることができ、凝り固まった価値観を見直すきっかけにもなるのです。

ティッシュはとことん隠す

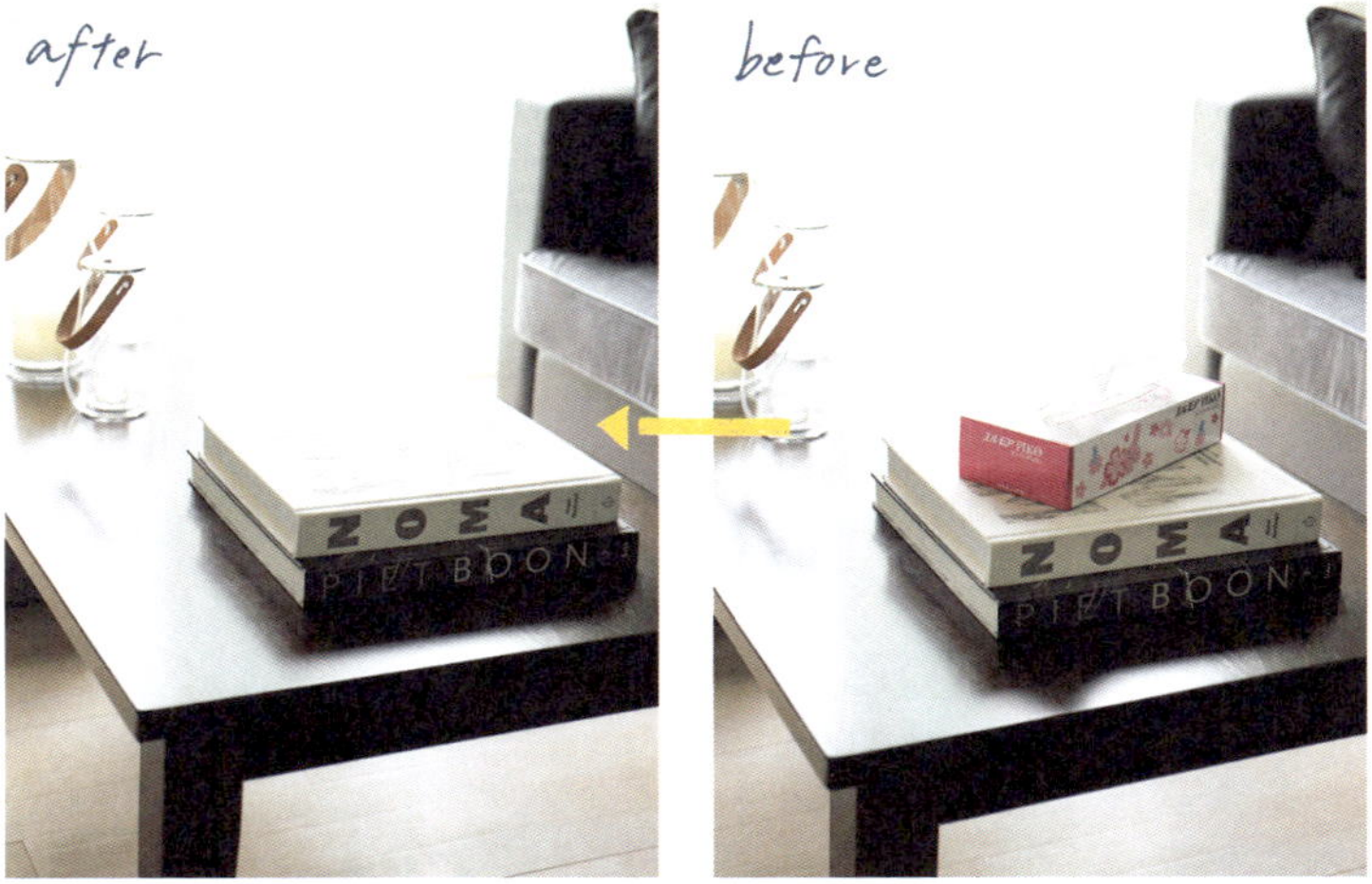

あるのとないのとでは大違い！

どうしても生活感が出てしまうティッシュの箱は、思い切って排除。引き出しや棚の中に入れて見えないようにしても、意外と不便さは感じず。

ケースに入れて

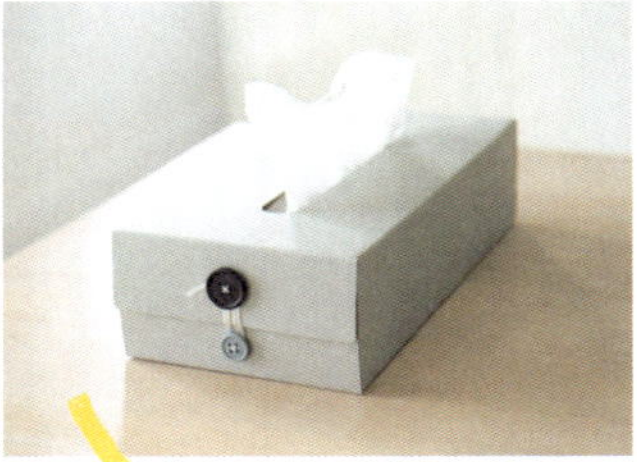

隠す場合でもむき出しのままにするのではなく、「クラフトワン」のティッシュボックスに入れて。収納が整っているように見えるのがうれしい。

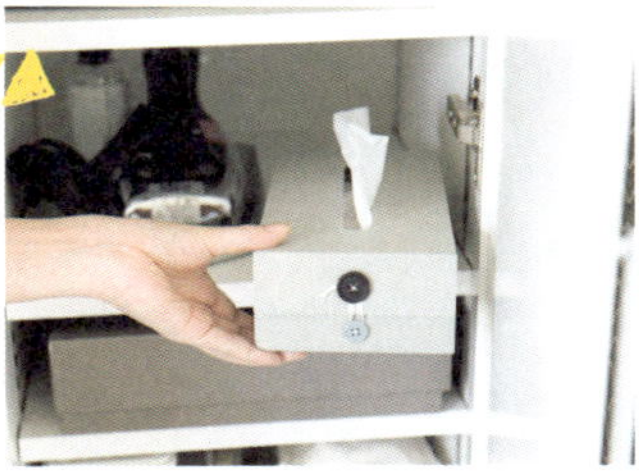

ゴミ箱は1か所に

ひとつにすると、掃除もラクに

リビングダイニングにはゴミ箱を置かず、キッチンのシンク下1か所に。部屋がすっきりするだけでなく、ゴミ収集の手間が省けてストレス軽減。

✓idea 13

高低差をつけると出し入れしやすい

扉を開けたときにワクワクするかどうかを考えて収納しています。使い勝手はもちろんのこと、やはり見た目の美しさも追求したい。収納もインテリアの一部と考えて、ただ並べるのではなく〝ディスプレイ〟としてとらえる。そんなふうに、楽しみながら収納したいと考えています。

グラスや器を奥から手前にかけて高低差でしまっているのも、〝飾る〟という発想があるからかもしれません。高低差収納をすると、見た目がいいだけではなく、使わないのになぜかある食器や、使いたいのに取り出すのが億劫な食器、という〝残念な〟食器をなくすことができます。

食器棚も高低差が大事

after

before

ワイングラスは奥に高いモノを

高さが違うワイングラスをバラバラに置くより、高さを揃えて配置したほうが美しいうえに取り出しやすい。

器は重ねすぎない

たくさん重ねたくなる器も、全体を見渡せて取り出しやすいように、棚の高さの半分ぐらいまでしかスタッキングしないように注意。

カップ類はセットで収納

別々に収納してしまいがちなカップ＆ソーサー。一番手前に1セット完成したモノをつくっておくと、組み合わせがひと目で分かるので便利。

食器やグラスが整然と並んでいると、扉を開けるたびに気持ちいい！

ひより流
かばんの中の整理術

基本のバッグと、それ以外のバッグとの入れ替えを頻繁にすることで、
かばんの中が常にきれいな状態に。お出かけするときも気持ちがいいです。
整理・収納・掃除の理念が合わさった、わたしのかばん整理術をご紹介。

基本のバッグ

A4サイズ＆肩掛けが基本

どんな洋服にも合わせやすい、黒のショルダーバッグ。

仕分けしてきっちり収納

モノを持ち歩くタイプなので、ごちゃごちゃしないよう、仕分け収納をしています。必要なときに、すぐに取り出せるだけではなく、確認しやすいので忘れ物防止の効果も。

仕分けアイテム

1
「ハクバ」のカメラボックス

カメラ、手帳、カードケース、名刺入れを立てて入れて取り出しやすく。

2
「オロビアンコ」のペンケース

ペンの他に、携帯歯ブラシとリップ、マルチツールなどを収納。

3
「エルベシャプリエ」のポーチ

カメラやスマートフォンの携帯バッテリー、コード類が入ったモバイル専用ポーチ。

4
「フェリージ」のポーチ

最小限のメイク道具と、目薬、絆創膏、頭痛薬、鏡などの小物を収納。

point 1

カメラケースごとごっそり入れ替え

カメラのソフトボックスをバッグインバッグとして活用。ケースに入れずにカメラを持ち運べるのもうれしい。

point 2

入れ替えた後はクリーナーで

かばんの底にはなぜかほこりやチリが。使うたびに粘着式クリーナーで掃除すればいつも気持ちのいい状態に。

column ／ 03

収納グッズの お気に入りショップ

ファイル

http://file-g.com

購入アイテム

「インターデザイン」のオーガナイザー、オーダーメイドのスペーサー

家の内装をお任せしている心底信頼できるインテリアショップ。なにか迷ったらすぐに相談します。

コズライフ

http://www.kozlife.com

購入アイテム

「ケーラー」、「ヘイ」、「メニュー」などの小物商品

「あるといいなあ」と思っていた北欧ブランドの商品が、タイミングよく入荷されているのがうれしい。

ロフト

http://loft.omni7.jp

購入アイテム

「アグリッパ」のファイル、パーツボックス、ピルケースなど

アートディレクター・平林奈緒美さん監修のオーガナイズ製品に惹かれ購入したのがきっかけです。

イケア

http://www.ikea.com/jp/ja/

購入アイテム

コースター、ファイルボックスなど

ネット上に商品のサイズが細かく掲載されているので、事前に家のスペースに合うか確認できるのがいい。

無印良品

http://www.muji.com/

購入アイテム

仕切板、カードケースなど

シンプルで使い勝手のいい商品が多く、値段もお手頃価格なので気に入ったモノを買い足しやすいのが◎。

クロロス

http://www.chloros.jp/

購入アイテム

ペーパーバッグ

北欧ブランドのなかでもとくに好きなデンマークのモノが多く、ページを眺めているだけでも楽しいです。

ネスト
海外インテリアセレクトショップ

http://shop.nestinterior.jp

購入アイテム

「バイラッセン」の商品

インテリア小物でもディスプレイとして楽しめるだけではなく、収納グッズとして使えそうなモノを購入。

洗剤類

環境にも自分にもやさしいナチュラル系洗剤・ソープにシフト中。

イソップ

www.aesop.com

購入アイテム

ハンドウォッシュ、ハンドバームなど

香りもよく、使っていても肌にやさしいのを実感できます。スキンケアシリーズも愛用中。

木村石鹸

http://www.kimurasoap.co.jp/

購入アイテム

台所用石けん、風呂釜クリーナーなど

安心して使える植物由来100%の石けんは、大正13年創業の老舗メーカーが自社製造しています。

4

すっきりを保つ掃除の工夫

掃除の決めごと

家を建ててから17年が経ちました。大好きなわが家をずっといい状態で保ちたいので、ハウスキーピングには努力を惜しみません。もちろん経年劣化してしまう箇所もありますが、こちらが愛情をかけてお手入れを続けていると、それに応えてくれるような気がします。

掃除をする上で決めているのは、〝つど掃除〟。あとで拭けばいいや、週末にまとめてやろう、などと後回しにしておくと、汚れは溜まるいっぽう。気づいたときに、そのつどやる。ほこりや汚れが溜まることはないので、結果掃除はラクになるのです。また、掃除の工程をルーティーン化し、毎日続けられる仕組みづくりを考えます。

そして、掃除グッズは使い勝手がよく、おしゃれなデザインのモノを揃えることで、単純ですが、いいモチベーションが保てます。

ルーティーンになっている掃除のスケジュール

ある日の流れ

6:00 起床

布団を直す

粘着式クリーナーで布団カバーを掃除

布団乾燥機スイッチオン

- ほこりを落とす
- ロボット掃除機のスイッチオン
  - 掃除機が動いている間に、身支度、朝食、洗濯などをすませる

7:00 ベッドメイキング

ロボット掃除機を1Fへ移動して充電

リビング、キッチンのほこりを落とす

10:00 ロボット掃除機のスイッチオン

- 掃除機が動いている間に、拭き掃除、水まわりの掃除、収納の見直しなど、気になる箇所を掃除&手直しする

ロボット掃除機が止まれば終了

CLEANING ROUTINE

BEDROOM

起きたら布団を整え寝るための準備を欠かさない

起きてすぐに布団を整え粘着式クリーナーを

起床したらシーツと布団、枕を整え、足元にかけているベッドスローを含め全体を粘着式クリーナーで掃除。

ベッドルームは〝ただ寝るだけの部屋〟ではなく、デスクがあるため、ブログの更新やちょっとした事務作業をするなど、一日中出入りする部屋でもあります。快適な部屋づくりを心がけているので、一日のはじまりはベッドルームの掃除から。

寝室は完全にプライベートな空間なので、誰に見られるわけではありませんが、この部屋がきちんと整っていると家全体を流れる空気がよくなる気がします。

「明日もがんばろう」そんな気持ちにさせてくれる寝室で、フカフカになった布団や枕に埋もれて眠るひとときは、この上ない幸せです。

毎日必ず！

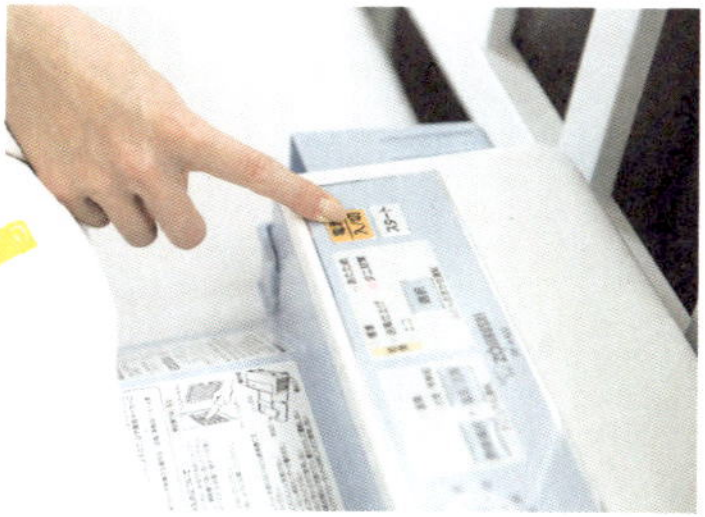

布団乾燥機で ふっかふかに！

「象印」の布団乾燥機を愛用中。足元まで風が行き渡るように、クッションを立てるようにセット。

寝室の ほこりを ぐるっと払う

羽はたきでパソコンスペースや姿見のほこりを床に落とします。掃除機をかける前にするのがポイント。

ロボット掃除機の スイッチオン！

1階と兼用しているロボット掃除機「コーボルトVR200」を稼働させ、その間に1階のダイニングで朝食を。

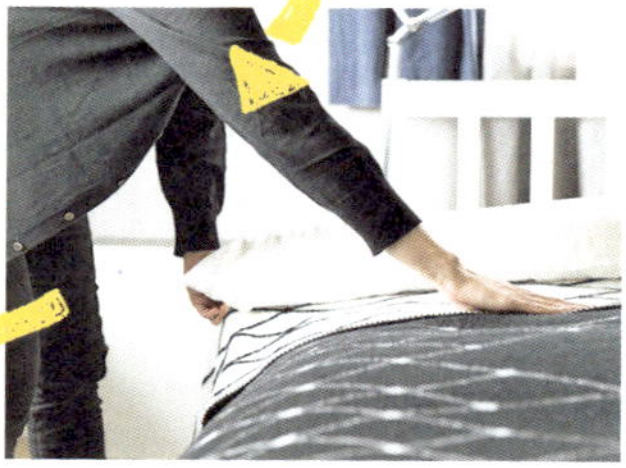

布団乾燥機が終わったら ベッドメイキング

せめて枕カバーだけでも洗濯後にアイロンをかけるとピシッとして気持ちがいい。シーツや布団カバーの洗濯も頻繁に。

今すぐ寝られる状態にして終了！

ドアを開けた瞬間、つねに整った空間が広がっていると、気持ちのよさが全然違う。就寝時もすぐに寝られるのがうれしい。

CLEANING ROUTINE
LIVING ROOM
& KITCHEN

掃除機の時間内で気になる箇所を掃除

羽はたきで細かい部分も払う

わが家の掃除はこの羽はたきなしでは語れません。舞い散らないようにほこりをかき出すように使うのがコツ。

リビング、ダイニング、キッチンとゾーンは違うけれど、実質的にはひとつながりの空間。わが家の中心でもあるので、掃除にも気合いが入ります。ただ、時間を決めないとやりすぎてしまうので、制限時間はロボット掃除機が稼働している1時間前後。

時間内に、拭き掃除や収納の見直し、トイレ掃除など〝日々の掃除〟に加え、余裕があれば、定期的にする窓拭きや家具のお手入れ、グリーンのお世話など〝ときどき掃除〟にも範囲を広げます。〝日々の掃除〟と〝ときどき掃除〟そして〝つど掃除〟をいいバランスで継続し、汚れ知らずの空間を目指します。

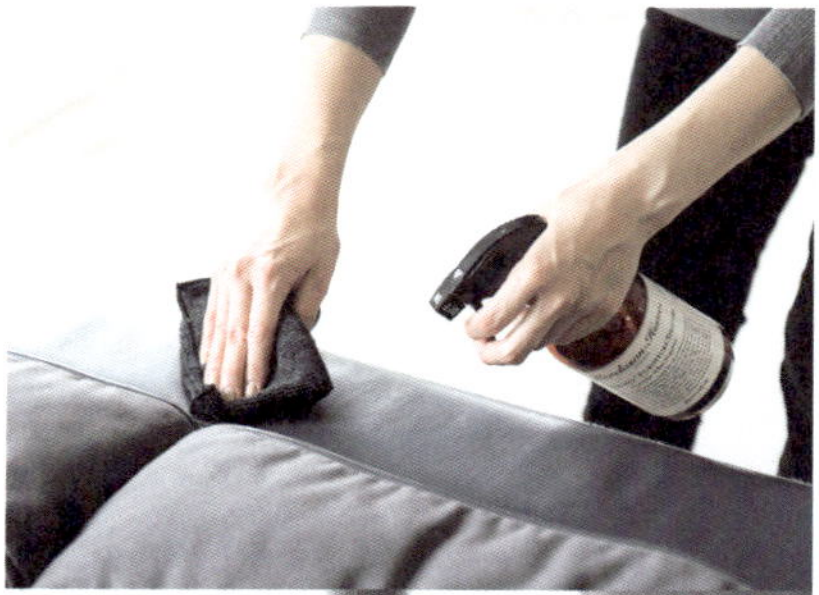

ソファや椅子の背もたれを拭き掃除

布にも使える「マーチソン・ヒューム」の家具用クリーナーをシュッと吹きかけ、マイクロファイバーで拭き掃除。

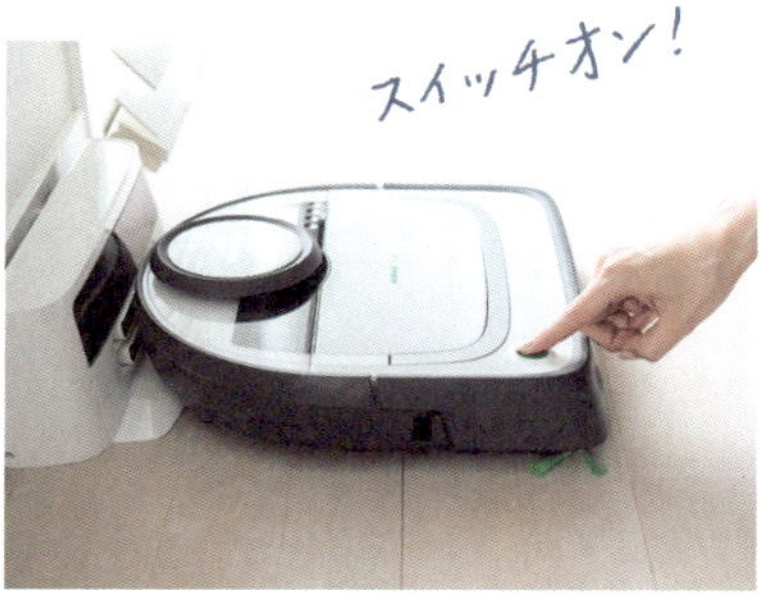

気になっている収納を見直す

ロボット掃除機稼働中は、納戸の整理をしたり、各部屋の棚・引き出しの中の収納をより使いやすく改良。

ロボット掃除機が入れない部分は手持ちの掃除機で

ソファーの下など、ロボット掃除機が入れなかった場所を、ハンディタイプの「マキタ」で追加掃除。リビング横にある一段高くなっているテレビルームの床もこれで。

使ったあときっちり掃除を習慣に

お掃除3点セットを持ち込みます

「ザック」のスクイージーと、「マーチソン・ヒューム」のバス用クリーナー、マイクロファイバークロスが基本のお掃除アイテム。スクイージーは浴室から一番近い引き出しに収納。

水垢は時間が少しでも経つと、なかなか取れない汚れになってしまいます。そうならないためにも、バス掃除も日々の暮らしのなかで習慣化させたいと思っています。たどり着いたのは、入浴ついでにそのまま掃除に突入してしまうこと。これも〝つど掃除〟のひとつです。

　入浴前に、バス用クリーナーと、スクイージー、マイクロファイバークロスのお掃除セットを持ち込み、入浴後はできる限り水分を残さないように磨き上げます。翌朝は、シャワーから滴った水を拭き、排水口と床ブラシにアルコールスプレーを吹きかけ消毒して完了です。

ブラシでこすって
ヌメリを防止

床のタイルは「レデッカー」のブラシで。ハンドル付きで持ちやすく使い勝手もいい優れモノ。木製なので使用後はしっかり乾燥させて。

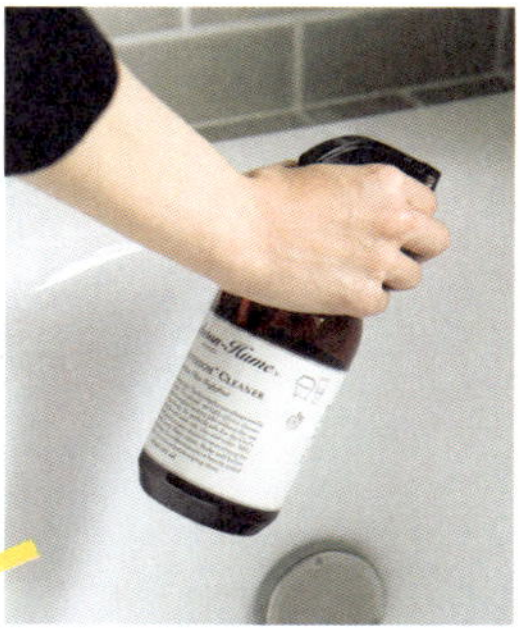

クリーナーを吹きかけ
水垢を残さない

バスタブとタイル兼用で使えるスプレーは、植物由来成分なので、素手で使えることがうれしい。まんべんなく吹きかける。

マイクロファイバーで
隅々まで汚れをキャッチ

タイルの目地を中心に、水でぬらしたクロスできれいに。しっかり汚れや水垢を落とすことでカビを防止。シャンプーなどのボトルの底も拭く。

水拭きして

スクイージーで水滴を
きっちり取り除く

ガラス窓やタイル壁をクロスでこすってシャワーでしっかり洗い流したら、スクイージーでしっかり水切り。このひと手間で水垢知らず。

仕上げに!

マイクロファイバーで
磨くように仕上げる

バスタブも水滴を残さないようにしっかり磨き上げ。シャワーや水栓金具など、水垢が目立ちやすいところはとくに念入りに。

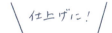

汚れを溜めない
ちょこちょこ掃除

使用済みタオルで そのまま拭き掃除

手拭き用タオルとは別に、洗面所の下にも小さいサイズのタオルをスタンバイ。洗顔や歯磨きをした後はこのタオルを取り出し、使用後は蛇口まわりや鏡、タイルを拭き、そのまま洗濯かごへ。

毎日拭くという 習慣が大事

コーヒーメーカーや、ブレンダ―の下も毎日欠かさず掃除。マイクロファイバークロスで拭き上げ、チリが溜まらないように。

靴を脱いだら ブラッシング できれいに

履いた靴は、一日玄関で風通し。しまう前に、靴底を含めてブラッシングすることで、下駄箱の棚板が汚れにくく。

使用後はまめまめしく磨き上げ

コンロまわりの油汚れがひどいときはキッチンペーパーで拭き取り、その後「アルカリウォッシュ」を吹きかけてクロスで磨き上げ。こうすることで、わが家のコンロは17年選手ですが、経年を感じさせず、ピカピカの状態を保持。

こまめに拭いて水垢知らず

洗い物が終わったら、そのままシンクまわりの掃除に突入。水滴を放置すると水垢となり取れにくくなるので、この“つど”が肝心。蛇口まわりの水はね、ワークトップはマイクロファイバークロスでこまめに磨く。

洗ったらすぐに拭く

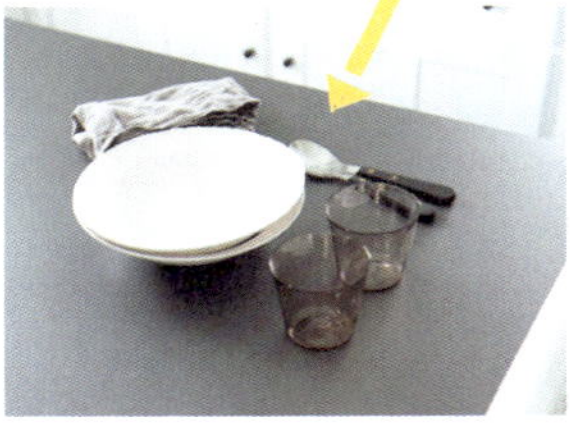

かごに放置せず、すぐに片づけを

食器は水切りかごに放置せず、すぐに拭き上げ、食器棚に戻す。水切りかごで自然乾燥を待っていると、いつまでたっても片づかず、水垢の原因に。また、毎回リネンクロスで拭くので食器もくすまず、ピカピカに。

大掃除がラクになる ときどき掃除

定期的に中身を出して拭き掃除

棚板はアルカリ洗剤で消毒を

定期的にすべての靴を取り出して、棚板を「アルカリウォッシュ」で拭き掃除。その際メンテナンスすべき靴の点検や処分の検討も忘れずに。

中を取り出し、ブラッシング

気をつけていても、引き出しの四つ角にはチリやほこりが溜まってしまうもの。定期的にブラシでかき出し、ハンディクリーナーで吸い取る。

掃除と整理を同時に進める

食品や飲料、調味料をいったんすべて取り出して、棚板を拭き掃除。きれいになるだけではなく、消費期限や残量のチェックも同時に完了。

清潔であるべき場所は念入りに

きれいだと思っていても、「アルカリウォッシュ」をスプレーして拭いてみると意外と汚れが浮上する食器棚の棚板。気づいたら食器を出して掃除。

溜めがちな箇所もこまめに

水拭き厳禁
やさしくブラッシング

ほこりが溜まりやすいバスケットは、水拭きするとカビの原因に。「ターナー＆ハーパー」の天然の豚毛ブラシでかき出すようにブラッシング。

ブラシと拭き掃除を定期的に

羽はたきで毎日掃除はしているけれど、月に１回は専用のブラインドブラシを。季節の終わりには、スラットを１枚ずつクロスで拭き掃除。

面倒な
場所こそ習慣化

レンジフードの外側は毎日拭き掃除し、オイルパックや整流板などは月一でお手入れ。高いところの掃除は夫と一緒に。

重曹で
目地汚れを研磨

目地の変色が気になったら、重曹に水を混ぜたペーストを作り、スクイージーで広げる。磨くのはネイル用ブラシのサイズがちょうどいい。

高いところは
ふたりで掃除

ダストボックスはエアコン使用時期なら定期的に掃除し、フィルターなどのパーツのお手入れは季節の変わり目に。こちらも夫と。

洗濯の決めごと

犬や猫の毛が目立ちやすいという理由で、わが家の部屋着は黒系に統一。洗濯かごに入れる前に、粘着式クリーナーで犬猫の抜け毛を掃除します。洗濯物は黒、白、タオルと、3つにグループに分け、1日2回は洗濯機を回します。干すのは夫も手伝ってくれますが、たたむのはもっぱらわたしの担当。ズボラなところもありますが、洗濯物のたたみ方には意外とこだわりが。

わが家の洗濯機はスウェーデンの「アスコ」のモノで、95℃の温水で洗濯槽を洗うことができるのも海外メーカーならでは。ただし、洗濯終了のお知らせ音が鳴らないので、音を気にする必要があります。雑誌をめくりながら、「あー、今すすぎに入ったなー」、「脱水しているからもうすぐ終わりそう」など、そんなふうに洗濯が終わるのを待つ時間が好きだったりします。

洗濯のMYルール

部屋着はクリーナーをかける

部屋着についた犬猫の抜け毛を洗濯かごに入れる前に粘着式クリーナーでコロコロ。部屋着はプチプラの「ユニクロ」をチョイス。着くずれやヨレを気にせず洗濯できるので、わが家の定番に。

白と黒に分けて洗う

細かく仕分けはしませんが、おおまかに白系、黒系、タオルと3つのグループに分けて洗濯。デリケート素材のモノはネットに入れて。色落ちが激しそうなモノは落ち着くまで個別洗いを。

たたんだら元の場所へ

洗濯物を取りこんだら放置せずに、すぐにたたんで元の場所へ。タオルは、収納スペースに合わせてきれいにたたむと、取り出しやすいうえに、収納した際、見た目にも美しい。

洗剤はナチュラル系で

洗濯洗剤・柔軟仕上げ剤は植物由来の「ザ・ランドレス」。右のグリーンのウォッシュボールは、洗濯機に放り込むだけで洗浄力がアップし、洗剤も少なくて済むという家計にやさしい優れモノ。

洗剤&ソープはできる限り
やさしい成分のモノを

おしゃれなパッケージに惹かれて購入したのがきっかけで、使っているうちにその使用感に見事にはまったのがナチュラル系の洗剤&ソープです。出会いは今も愛用している洗濯洗剤の「ザ・ランドレス」。パケ買いだったので、正直そこまで期待していなかったのですが、使っているうちに洗濯機の洗剤投入口が汚れていないこと、洗濯槽クリーナーをしても汚れらしい汚れが出てこないことに気がつき、環境にいいだけでなく、掃除がラクになるという自分にもメリットがあることを実感しました。

また、ナチュラル系洗剤で掃除をしたら、手荒れがしにくくなり、ゴム手袋をしなくても素手で扱えるのもうれしかったり。環境にやさしい成分であることは知っていましたが、おしゃれなだけではない〝実力〟が目に見えると、少し割高でも使い続けたくなります。

愛用中のナチュラル系洗剤＆ソープ

1

「アデイ」の ディッシュウォッシュ

少量でも泡立ちがよく、油汚れもしっかり落ちる。やさしい香りが◎

2

「ミセス メイヤーズ」の ガラスクリーナー

エッセンシャルオイル配合なので、手が荒れないのがうれしい洗剤。

3

「イソップ」の レスレクション ハンドウォッシュ

これを使ってからは洗面ボウルが汚れにくくなり、掃除がラクに。

4

「マーチソン・ヒューム」の ボーイズ バスルーム クリーナー

バスルームのバスタブやタイル壁、床はこれ一本ですむ万能品。

5

「木村石鹸」の そまり 台所用石けん

中身だけではなく、パッケージも清潔感があってお気に入り。

6

「木村石鹸の」 エコフレンド＋α お風呂丸ごとお掃除粉

合成界面活性剤不使用の、安心して使える風呂釜用クリーナー。

定番になっている掃除道具

これがないと
掃除できない！

「レデッカー」の羽はたき

羽に弾力があり、モノを動かさなくても効率よく掃除できるのがうれしい。静電気が起きないのも重要なポイント。

「ザック」のスクイージー

シンプルで高級感のあるスクイージー。見た目だけではなく、機能性にも優れ、お風呂掃除もはかどる名品。

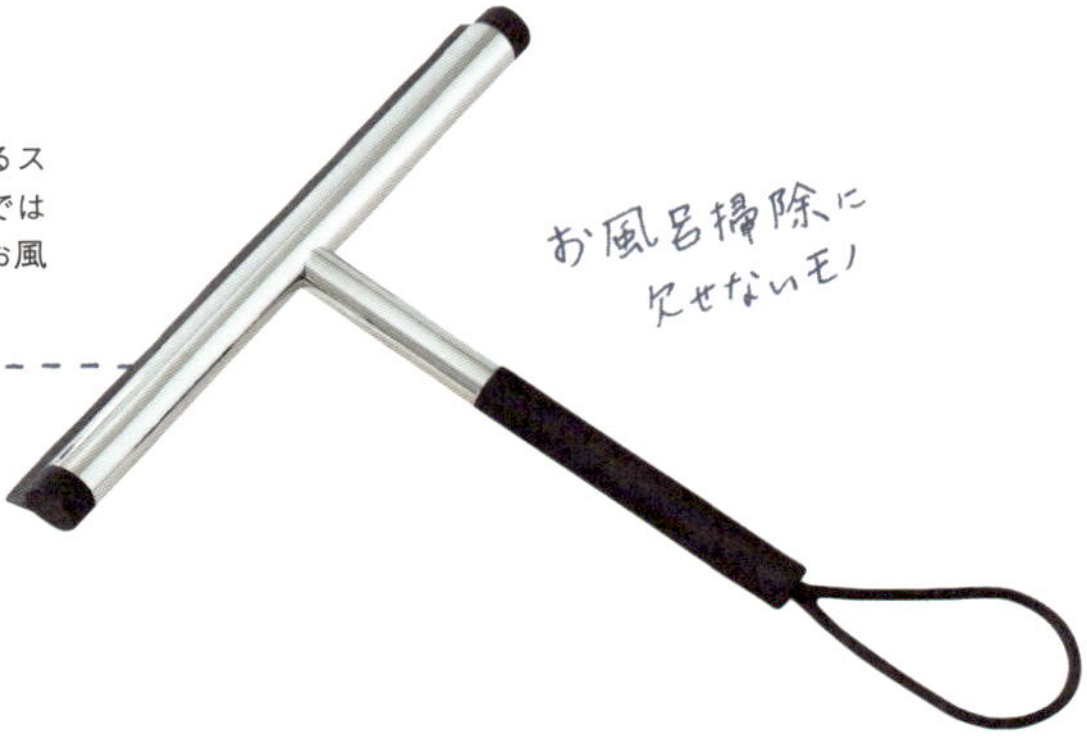

お風呂掃除に
欠せないモノ

こんな色が
欲しかった！

ひよりごと監修「ナンバークロス」

マイクロファイバークロスは「洗う」と「拭き取り＝磨き」の両方こなせる優秀アイテム。好きが嵩じて、わたしの理想が詰まったクロスを「コズライフ」と共同開発するほど。（1000円＋税／2枚セット。問い合わせ先はＰ 92「コズライフ」）

「ターナー＆ハーパー」のエナメルボウル

厚みのあるスチール製のボウル。お湯と重曹をボウルに入れて、お掃除用のクロスの熱湯消毒やつけ置き洗いに使用。掃除道具入れにも活躍。

タイルをゴシゴシ

雑貨店で購入したネイルブラシ

洗面所のタイル磨きに使うブラシは、歯ブラシだと小さすぎ、浴室ブラシだと大きすぎる。ネイル用のサイズが意外にもぴったり。

「レデッカー」のキッチンブラシ

たわしで洗うとすぐに手が荒れてしまうので、柄付きブラシがうれしい。ブラシによって毛の硬さが違うので、洗うモノを使い分け。

わが家にピッタリの
白と黒

「ケユカ」のスポンジ

グラスや食器は白のソフトスポンジ、ステンレス鍋や鉄鍋などは黒のハードスポンジと使い分け。飽きのこないデザインが◎。

「カナッコインターナショナル」のアクリルたわし

洗面ボウルを掃除する際、洗剤なしで汚れが落とせる優れモノ。多色展開していますが、黒とベージュがお気に入り。

「ジェームズマーティン」の除菌用アルコール製剤

ボトルデザインも気に入っていますが、愛用の理由はぬれた場所でも除菌効果が低下しないこと。お風呂の排水口などに使用可能。

ひより

2009年6月より、ブログ「ひよりごと」をスタート。白を基調にした美しいインテリア、ディスプレイ、モノ選びのセンスなどが多くの方から支持され、ブログランキングでは常に上位。暮らしを維持するための収納法や家事術なども注目され、さらにはブログで紹介したものがあっという間に売り切れるなど、その影響力は絶大。雑誌をはじめとする多くの媒体で取材されることも多く、“家をもっと好きになる”をコンセプトに、現在も頻繁にブログを更新中。著書に『「ひよりごと」のシンプル&ホワイトインテリア』(マイナビ)がある。

「ひよりごと」
http://plaza.rakuten.co.jp/hiyorigoto/

スタッフ

AD	三木俊一
デザイン	吉良伊都子(文京図案室)
撮影	青木和義(マガジンハウス) ひより(P22、P24、P28、P39、P41、P71、P81の一部)
企画	印田友紀(smile editors)
編集・執筆	石原輝美、中嶌邦子、岩越千帆(smile editors)

ひよりごとの
見せる収納/しまう収納
ずっと居たくなる 住まいのととのえ方

2016年11月30日 第1刷発行
2016年12月26日 第2刷発行

著者	ひより
発行者	石崎 孟
発行所	株式会社マガジンハウス 〒104-8003 東京都中央区銀座3-13-10 書籍編集部 ☎03-3545-7030 受注センター ☎049-275-1811
印刷・製本	大日本印刷株式会社

ISBN978-4-8387-2899-2 C0077

マガジンハウスのホームページ
http://magazineworld.jp/